Love in a fearful land

최규택 | 옮긴이

한양대학교 경제학과와 서강대학교 대학원에서 경제학(MBA)을 공부하였다. 번역서로는 루이스 마르코스의 「C. S. 루이스가 일생을 통해 씨름했던 것들」 *Lewis Agonistes*, 조안 치티스터의 「시련 그 특별한 은혜」 *Scarred by Struggle, Transformed by Hope*, 헨리 나우웬의 「영원한 계절」 *Eternal Seasons*, 클리포드 윌리엄스의 「마음의 혁명」 *Singleness of Heart*, 돈 파이퍼의 「천국에서 90분」 *90 Minutes in Heaven*, 맥스 루케이도의 「청소년을 위한 예수님처럼」 *Just Like Jesus*, 폴 틸리히의 「믿음의 역동성」 *Dynamics of Faith*, 필립 얀시의 「육체속에 감추어진 영성」 *In His Image*, 스토미 오마샨의 「기도의 힘」 *The Power of Praying*, 헨리 나우웬의 「두려움을 이긴 사랑」 *Love in a Fearful Land*, 크리스틴 사인 & 톰 사인의 「하나님 목적 나의 목적」 *Living on Purpose*, 도널드 맥컬로우의 「내가 만든 하나님」 *Trivialization of God*, 유진 피터슨의 「메시지」 *The Massage*(이상 그루터기하우스) 등이 있다.

두려움을 이긴 사랑

2013년 3월 21일 초판 3쇄 발행

지은이 헨리 나우웬
옮긴이 최규택
펴낸이 정병석

도서출판 그루터기하우스
서울특별시 강남구 삼성동 26-25호, 2층
Tel 514-0656 | Fax 546-6162
gruturgi21@hanmail.net
등록 2000년 11월 28일 제16-2289호
ISBN 89-90942-15-2 03230

Love in a fearful land
Copyright ⓒ 2004 by Henri Nouwen
Published by Orbis Books

Korean Edition ⓒ 2006
by Gruturgi House Publishing Co., Seoul, Korea

본서의 한국어판 저작권은 KCBS를 통하여 Orbis Books와 독점 계약한 그루터기하우스에 있습니다.
저작권법에 의하여 한국 내에서 보호를 받는 저작물이므로 무단전재와 복제를 금합니다.

> 그 중에 십분의 일이 오히려 남아 있을지라도 이것도 삼키운바 될 것이나 밤나무, 상수리나무가 베임을 당하여도 그 그루터기는 남아 있는 것 같이 거룩한 씨가 이 땅의 그루터기니라(이사야 6:13).

두려움을 이긴 사랑

순교자의 사랑이야기

헨리 나우웬

그루터기하우스

용기와 인내와 깊은 믿음을 갖고,

우리에게 인간의 존엄성에 대한 새로운 안목을 선사했고,

평화에 대한 희망을 준 과테말라 인디언 사람들에게

이 책을 바칩니다.

차 례

머리말
감사의 글

전해져야 할 이야기
전해져야 할 이야기 _ 25
산티아고 아티트란 _ 29
로터의 방 _ 34

죽기까지 신실하게
당신의 백성들 안에 계신 그리스도를 위하여 _ 45
조용한 거인 _ 52
분주한 교구 _ 56
폭력의 확산 _ 65
선한 목자 _ 71
두려움과 미소 _ 78
현관 문 앞에서의 테러 _ 85
반동행위적 섬김 _ 91
처단자 명단 _ 95
내가 원치 않는 하나의 죄 _ 100
죽기까지 신실하게 _ 105

교회의 씨앗
교회의 씨앗 _ 113
새로운 우정 _ 117
교회와 함께 느끼라 _ 125
산티아고 아티트란으로 _ 134

기도로의 부름
기도로의 부름 _ 143
기도와 순교자 _ 152
메시지 선포 _ 163
다시 고향으로 _ 171
존 베시의 맺는 말 _ 175

Love in a fearful land

머리말

"사랑 안에 두려움이 없고 온전한 사랑이 두려움을 내어 쫓나니…"
(요한일서 4장 18절)

이것은 엄청난 폭력과 핍박과 시련의 기간 동안 교회 공동체 안에서 일어났던 숨겨진 하나님의 임재에 관한 이야기이다. 이 이야기의 시간적 배경은 과테말라 내전이 정점에 이르렀던 1980년대 초반이며 공간적 배경은 과테말라 남서쪽 장엄한 호수가 화산을 둘러싸고 있는 아름다운 마을 산티아고 아티트란Santiago Atitlan이다.

이 이야기는 스탠리 프란시스 로터Stanley Francis Rother라는 선교사에게 초점을 맞추고 있다. 그는 산티아고 아티트란의 담당 선교사로 파송되어 그곳에서 13년간을 섬기다가 1981년 과테말라 군인들에 의해 피살되었다. 3년 후 존 베시John Vesey는 로터 신부가 맡았던 공동체의 담당 사제로 임명되어 짧은 기간 동안 그곳을 섬겼다.

이 이야기는 영성 작가이자 선생인 헨리 나우웬Henri Nouwen에 의해 쓰여졌다. 나는 1983년부터 1986년까지 그의 가까이에서 함께 일을 했다. 1984년 존과 헨리와 나는 산티아고 아티트란에서 함께 시간을 보냈다. 우리는 그곳에서 로터의 사역을 깊이 묵상했다. 그의 사역은 실로 우리의 삶과 교회의 생명에 중대한 영향을 미쳤다.

원래 이 책의 글들과 대부분의 사진들은 1985년 즉, 우리가 함께 시간을 보냈던 그 해 여름에 출간되었었다. 그리고 이 책이 출간되고 몇 개월 후 헨리는 장애인들을 돕기 위해 토론토 근처에 위치한 라르쉬 데이브레이크L' Arche Daybreak 공동체로 삶의 터전을 옮겼다. 그는 1996년 그가 죽은 해까지 그곳에서 목자로 섬겼다.

이 이야기가 오늘날 우리에게 주는 교훈을 언급하기 전에 나는 먼저 이 이야기의 주인공들과 화자에 대해 소개하고자 한다. 헨리와 마찬가지로 나 역시 로터를 개인적으로 만나보지는 못했다. 하지만 그의 친구들과 동역자들이 이구동성으로 증언한 말들, 그가 죽기 직전 몇 달 동안 고향으로 보냈던 편지들을 통해 유추해 볼 때, 그는 매우 강인하고 부드러운 주님의 종이였으며, 그곳의 사람들을 온전히 섬긴 목자였다. 신학생 시절 로터는 평범하기 그지 없는 학생이었음에도 불구하고, 자기 교구 사람들이 사용하고 있었던 어려운 트주투힐Tzutuhil 언어를 완전히 통달했다. 그뿐 아니라 트주투힐 예식까지 습득했으며, 마야 문명 전통에도 깊은 조예를 얻었다. 능숙한 목수이자, 기술자이며, 농부였던 로터는 작은 땅을 손수 경작해 그곳에 옥수수와 그 밖의 곡식들을 심었다. 이것은 공동체 사람들에게 강한 인상을 주었다. 마야 문명에 뿌리를 두고 있는 이 지역 사람들은 옥수수를 재배하는 것을 신성한 행위로 간주했던 것이다. 로터는 영적 지도자 역할을 감당했을 뿐 아니라 마을에 병원을 세워 어린이 사망률을 현저히 감소시켰고 공동체 사람들의 건강을 전반적으로 증진시켰다.

1980년 과테말라 군대는 아티트란 호수 지역 주민들에게 공포스러운 군사행동을 취하기 시작했다. 그것은 바로 과테말라 내전이 오랫동안 지속되는 과정에서 정부 반란 세력을 지원하고 있는 사람들을 뿌리 뽑기 위한 것이었다. 과테말라 군대는 산티아고에서 공동체의 지도자들과 평신도 전도자들을 요주의 인물들로 지목했으며, 암암리에 그들을 납치해가 고문하고 죽이기까지 했다. 공동체에는 두려움의 그늘이 드리워지고 있었다. 많은 주민들은 정부에 대한 자기들의 충성을 증명해 보이고, 자기들의 목숨을 보호하기 위해 이웃 사람들을 고발했다. 이렇게 끔찍한 공포 상황에서도 로터는 마음의 평정을 유지했고, 신실한 목자의 사명을 계속해서 감당했고, 공동체의 영적 필요들과 실제적인 필요들을 채워주었다. 그는 정치적 사안들에 연루되지 않고, 항상 신중하게 행동하면서 자기의 사람들을 향한 목자적 헌신을 중단하지 않았다. 1980년 말쯤 그는 오클라오마에 있는 친구 프랭키 윌리엄스

Frankie Williams에게 이런 편지를 썼다. "위험의 징후가 감지된다 할지라도, 목자는 양들을 보호하기 위해 그것들을 저버리거나 도망갈 수 없다네…" 그는 가장 전형적인 목자의 사역 즉, 고아들과 과부들을 돌보는 사역을 끝까지 중단하지 않았다. 하지만 정부는 반동분자들의 아내와 자녀들을 돌보는 행위를 반동행위로 간주했다. 그는 1981년 8월 28일 교회 안에서 피살을 당했다.

로터 신부와 같이 존 베시 신부 역시 미국인 선교사였다. 그는 라틴 아메리카 사람들에게 깊이 헌신하고 있던 사람이었다. 과테말라로 가기 전 존은 남미 파라과이에서 선교사로 몇 년간을 섬겼다. 로터의 죽음에 관한 내용을 알게 된 후 존은 로터의 후임자가 되어 산티아고 아티트란에서 사역해야겠다는 강한 소명감을 느끼기 시작했다. 1984년 이 소명감은 현실로 이루어져, 교회는 공식적으로 존을 그곳의 선교사로 임명했다. 헨리는 1970년대 초 볼리비아 코차밤바Cochabamba에 있는 마리아 언어 학교에서 존을 처음으로 만났다. 둘은 그곳에서 친구가 되었다. 그리고 이후 십 년 이상 계속해서 친분을 유지해 갔다. 존은 산티아고 아티트란의 담당 사제로 임명을 받자 우리를 그곳으로 초대했다. 우리는 그와 함께 기도하고 좋은 시간들을 보냈다. 헨리가 이 책에서 언급한 것처럼 로터와 존은 모두 복음에 전적으로 헌신된 사람들이었다. 하지만 기질이나 스타일은 전혀 달랐다. 로터는 오클라오마의 농촌 가정 출신으로 매우 부드러운 성품을 지닌 반면, 존은 뉴욕 출신으로 매우 외향적이고, 말하기를 좋아하고, 사교적이었다. 그들은 저마다의 스타일대로 복음 즉, 모든 사람들을 향한 하나님의 사랑과 열정을 전파하였다. 존은 지금까지도 이 사역을 감당하고 있다. 그는 미국에서 라틴 아메리카 이민자들의 필요를 채워주고 있다.

이 책의 이야기를 전개한 사람은 헨리 나우웬이다. 그는 탁월한 영성 작가이자 1970년대와 1980년대 초반에 각각 예일 대학과 하버드 대학 신학부에서 교수로 봉직했던 훌륭한 교수이기도 하다. 하지만 그는 결코 평생을 학문의 전당에만 머물지 않았다. 헨리는 자주 안식 휴가를 얻어 더 넓고 깊은 세계를 경험했다. 그는 항상 어디를 가든지, 하나님의 말씀과 임재를 구했다. 그리고 자기가 경험하고 묵상한 매 순간들을 사람들과 나누었다. 그의 책들과 강연들과 이야기들은 모든 종류의 사람들에게 일반적인 감동을 주는 고도로 인격적이고, 풍성한 지혜의 보고가 되었다.

어떤 사람은 헨리를 두고 이렇게 말했다. "그의 교구는 바로 이 세상이다." 그에 대해 잘 아는 사람들이라면 아마도 이 말이 크게 과장된 말은 아니라고 생각할 것이다. 그는 인생 여정 가운데 만났던 사람들, 장소들, 공동체들과 깊은 관계를 맺었다. 그리고 그 안에서 배운 교훈들을 많은 사람들에게 소개했다. 그는 하나님의 친구이자, 지혜로운 선생이었다. 나는 그의 재능으로 인해 하나님께 감사드린다. 나는 그의 재능을 통해 로터와 존의 삶이 책으로 출간될 수 있게 된 것을 하나님께 감사드린다.

우리는 한 가지 질문을 던지지 않을 수 없다. 왜 우리는 25년 전 멀고 먼 중미 지역 한 구석에서 일어났던 이야기를 재론하고 있는가? 그 이유는 간단하다. 그것은 바로 로터 선교사의 순교 사실이 아직까지도 미국에서 제대로 알려지지 않았기 때문이다.

오스카 로메로Oscar Romero 대주교와 로터가 죽기 몇 달 전 엘살바도르에서 피살된 4명의 미국인 교회 여성들에 대한 이야기는 많은 책들과 영화들을 통해 널리 알려졌다. 하지만 로터가 순교한지 25년이 지난 지금에도 그의 순교 사실은 여전히 감추어진 채로 남아있다. 예수님과 자기가 맡은 사람들에게 조용히 그리고 신실하게 헌신했던 로터의 이야기는 연예인들과 부자들과 권력자들에게 매료되어 있는 이 사회 사람들에게 강력한 도전의 메시지가 되어야 할 것이다.

이 이야기는 인생의 모순을 경험하면서 21세기를 살아가고 있는 사람들에게 반드시 들려져야 할 것이다. 2001년 9월 11일 테러리스트들의 공격 이후, 미국은 그 자체로 "두려움의 땅"이 되었다. 심리학과 정치학은 이 공포스러운 사건 이후로 완전히 새롭고, 더욱 복잡하게 변화되었다. 이 사건은 안보를 위해 국가는 도대체 어떤 노력을 기울여야 하는가 라는 과제를 남겼다. 이것은 비단 미국만의 과제가 아니라 다른 모든 나라들의 과제이기도 하다.

　과테말라 국민들에게 지난 20년은 혼란의 시기이자, 화해의 시기였다. 1990년 미국 정부는 과테말라에 군사원조를 금지하는 법령을 제정했다. 그리고 1996년에는 과테말라 정부와 무장한 반군 세력들 간의 평화협정이 이루어졌다. 36년 간의 기나긴 내전이 마침내 종식된 것이었다. 그래서 지금은 민간 정부가 국가를 운영하고 있다. 그런데 1998년 과테말라 시 인권 위원회 회장이었던 72세의 후안 게르아디Juan Gerardi 주교가 지난 40년간 과테말라 군부가 인권을 유린한 내용을 담은 문건을 발표하자 이틀 후 피살되었다. 2005년 인권 유린 문건은 그 내용이 더 많이 보강되어 발표되었다. 이러한 사실에도 불구하고 최근 미국 국무부는 지난 15년 간 지속되었던 과테말라에 대한 군사원조 금지령을 폐지해야 한다는 주장을 의회에 제출했다. 왜 정부는 이런 결정을 내리려고 하는 것인가? 왜 미국 정부는 두려움과 긴장이라는 도구만을 이용해 국민들을 하나로 뭉치게 하려고 하는 것인가?

로터의 이야기는 우리에게 또 다른 길을 제시한다. 인간의 삶에서 테러와 공포는 전혀 새로운 것이 아니다. 복음의 이야기들 한 가운데서 우리는 여러 가지 다양한 사실들을 발견한다. 그 안에서 우리는 하나님의 거룩한 임재, 두려움, 사랑, 죽음, 중생, 우정, 그리고 공동체를 발견한다. 과테말라 사람들과 함께 엮어 간 로터의 이야기는 바로 그 복음의 다양한 내용들 즉, 빛과 어두움의 내용들을 그려간다. 사랑의 힘은 모든 두려움의 정체를 벗겨내고 그것을 멀리 날려보낸다는 사실을 마침내 이 이야기는 말해준다. 하나님의 마음으로부터 매일매일 흘러나오는 것, 믿음의 삶을 통해 매일매일 표현되는 것, 하나님을 섬기는 하나님의 사람들 속에 감추어져 있는 것, 그것은 바로 사랑이다.

이 이야기는 사랑은 그 누구에 의해서도 굴복될 수 없으며, 마침내 아름다운 열매를 거둔다는 사실을 보여줄 것이다. 이 이야기를 통해 우리는 터툴리안의 말을 다시 한번 더 깊이 깨닫게 될 것이다.

"순교자의 피는 교회의 씨앗이다."

_ 피터 웨스켈

1975년의 스탠리 프란시스 로터 선교사

감사의 글

비록 이것은 짧은 기간 동안 쓰여진 작은 책이지만, 이 책의 초고를 출간할 만한 글로 편집하느라 여러 사람들이 많은 시간을 투자했다. 나는 필 제더Phil Zaeder와 리차드 알란 화이트 Richard Alan White에게 깊은 감사를 표하고 싶다. 그들은 이 책의 구성과 내용에 관심을 기울이면서 여러 가지 건설적인 제안들을 해주었다. 피터 웨스켈Peter Weiskel은 그들의 제안을 최종 원고와 접목시키느라 많은 시간을 보냈다. 그뿐 아니라 이 책의 최종 편집 단계에서 독창적인 공헌을 했다. 그의 지속적인 도움이 없었다면 이 책은 결코 출간되지 못했을 것이다.

이 책의 사진들은 피터의 작품들이다. 나는 그 자체만으로도 훌륭한 친구일 뿐 아니라 사진 촬영에 놀라운 재능을 가진 친구와 함께 여행을 떠날 수 있었다는 것을 무척 기쁘게 생각한다. 피터의 동행과 도움이 있었기에 이 책은 순조롭게 쓰여질 수 있었다.

이 책에서 인용된 로터 선교사의 편지들은 그가 살아 있었던 마지막 해에 쓰여진 것들이다. 이것들은 모두 시간적 순서에 따라 인용되었다. 한편 이 편지 전체는 1984년 〈목자는 달아날 수 없다 The Shepherd Cannot Run〉라는 제목으로 출간되기도 했다.

특별히 프랭키 윌리엄스Frankie Williams, 데이비드 모나한David Monahan 신부, 마리타 로터Marita Rother 수녀에게 감사의 말을 전한다. 그들은 우리가 이 책에서 말한 이야기들이 사실임을 증언해 주었다. 나는 또한 케이 사나한Kay Shanahan에게 감사의 빚을 졌다. 그녀는 인자하고 헌신적인 보습으로 나의 비서 역할을 해주었다.

전해져야 할 이야기

하나님의 신실함을 담은 이야기
그리고 하나님을 향한 우리의 필수적인 반응
즉, 기도의 이야기이다.

love in a fearful land

전해져야 할 이야기

 이것은 두 사람의 이야기이다. 그들은 미국인이면서 동시에 과테말라 교구 사제이기도 했다. 그들의 이름은 스탠리 프란시스 로터와 존 베시이다. 로터는 1981년 7월 28일 산티아고 아티트란에서 피살 되었다. 삼 년 후 존은 로터의 사역을 계승하기 위해 바로 그곳으로 갔다. 내가 말하고자 하는 이야기는 폭력과 고문과 암살이 난무하는 나라 한 가운데서도 하나님의 신실하심은 변함없다는 사실을 증명하는 이야기이기도 하다. 또한 이것은 기도에 관한 이야기이기도 하다. 이 이야기는 기도란 우리가 어떤 헌신과 시련을 때마다 취해야 할 가장 필요한 행동임을 말해준다.

 존은 자신을 산티아고 아티트란 지역의 선교사로 임명했다는 소식을 듣자마자 나를 찾아와 이렇게 말했다. "저는 당신이 저를 한 번 방문해 주셨으면 합니다. 그리고 저와 인디안 사람들을 위해 기도해 주셨으면 합니다… 저는 기도하기 위해 그곳에 가려고 합니다. 그리고 당신도 그곳에 와 주시기를 원합니다." 나는 존의 초대에 매우 중요한 의미가 담겨있다는 사실을 순간적으로 감지했다. 나는 항상 존과의 우정이 하나님의 특별한 선물이라고 느껴왔다. 그와의 우정이 없었다면 나는 결코 중남미 교회의 생명에 좀 더 깊은 관심을 기울이지 못했을 것이며 그것이 얼마나 의미 있는 일인지도 깨닫지 못했을 것이다. 바로 지금 로터의 사역을 계승하고자 했던 존의 소망은 마침내 이루어지고 있었다. 그리고 내 마음 속에서도 새로운 무엇인가가 꿈틀대기 시작했다. 그의 초대는 새로운 발걸음을 내디디라는 부름이었다. 그것은 비단 우리들의 우정을 위한 발걸음만이 아니었다. 또한 우리가 계속해서 추구해왔던 전환의 길, 그 기나긴 길로 내려가는 첫 걸음이기도 했다.

존이 그의 새로운 지역에 도착한지 한 달 후, 나는 그의 초대에 응하기로 결심했다. 나는 혼자서 존을 방문하는 것보다 나의 친구이자 동료인 피터 웨스켈과 함께 가는 것이 더 낫겠다 싶어서 그에게 동행을 부탁했다. 나는 피터와 함께 여행을 떠나면 훨씬 풍성한 열매를 거둘 것이라는 확신을 가졌다. 더욱이 사진에 대한 그의 재능은 한 가지 방법이 아닌 여러 가지 방법으로 여행 이야기를 엮어 나갈 수 있을 거라고 생각했다. 나는 자주 내가 겪은 고통스럽고 기쁜 경험들을 글로 써야 할 필요성을 느낀다. 왜냐하면 그것들은 결코 의미 없이 숨겨진 채로 남아 있어서는 안 될 것들이기 때문이다. 그런 의미에서 분명히 말하건대, 내가 지금 전하고자 하는 이야기는 과거 그 어떤 이야기들보다 더 긴급하게 전해져야 할 이야기이다. 바로 이 이야기를 피터는 더욱 고결하게 만들어 주었고, 나눌만한 경험들, 발견들, 비전들로 가득 채워주었다.

피터와 나는 1984년 8월 27일 과테말라 시로 날아갔다. 그리고 이틀 후 산티아고 아티트란에 도착했다. 이후 우리는 9월 5일 미국으로 돌아갔다. 이 열흘 간의 여행기간 동안 우리는 인상적인 풍경들을 목격했다. 특별한 사람들과도 만났고 화려한 의식들에도 참여했다. 하지만 지금 말하려고 하는 이야기는 단지 풍경과 사람들 또는 의식들에 관한 것이 아니다. 그것은 바로 자신의 사명을 감당하려 했던 한 순교자에 관한 것이다.

로터의 순교는 정말로 널리 알려져야 한다. 왜냐하면 순교자들의 피는 당신의 백성들을 향한 하나님의 사랑이 얼마나 끈질긴지를 보여주는 산 증거이기 때문이다. 로터가 바로 그런 순교자들 중 한 명이었다. 그것은 이 세상 모든 그리스도인들이 과테말라를 단지 폭력으로 얼룩진 한 국가로서가 아니라, "하나님이 그 아들을 세상에 보내신 것은 세상을 심판하려 하심이 아니요 저로 말미암아 세상이 구원을 받게 하려 하심이라"(요3:17)라는 말씀을 새롭게 가르쳐주는 국가로서 볼 수 있게 하기 위함이다.

한편 이 순교자의 이야기는 존 베시라는 사람에게도 초점을 맞춘다. 그는 로터의 사역 안에 하나님의 능력이 임재해 있었음을 증명하기 위해 그가 감당했던 일을 계속했다.

로터와 존의 이야기는 하나님의 신실함을 담은 이야기 그리고 하나님을 향한 우리의 필수적인 반응 즉, 기도의 이야기이다.

산티아고 아티트란

피터와 내가 과테말라 시에 도착했을 때 존은 우리를 환영하기 위해 공항에 나와 있었다. 그는 우리가 열흘 후 이곳을 떠날 때까지 우리와 내내 함께 있어 주었다. 도시에서 하루를 보낸 후 우리는 산티아고 아티트란으로의 오랜 여정을 떠났다.

피터와 내가 아름다운 풍경에 대해 이야기를 나누자 존은 이렇게 말했다. "아, 이것은 당신이 앞으로 보게 될 것들과 비교하면 아무것도 아닙니다" 아니나 다를까, 자동차가 또 다른 길로 방향을 틀자 눈부신 아티트란 호수의 전경이 우리 눈앞에 펼쳐졌다. 놀랍고 대단한 광경이었다. 그것은 빠르게 움직이는 구름들로 뒤덮인 화산들에 에워 싸여 있었다. 그리고 그 주변에는 마치 금반지에 박힌 보석처럼 밝게 빛나는 작은 마을들이 자리하고 있었다. 지금까지 피터와 나는 많은 호수들을 보아왔다. 하지만 우리가 지금 보고 있는 이 호수의 장엄하고 부드럽고 아름다운 광경은 그것들보다 훨씬 더 우리의 마음을 사로잡았다.

"저기, 이 호수의 끝자락이 바로 산티아고입니다." 존은 호수의 다른 쪽 방향을 가리키면서 이렇게 말했다.

"여기서는 그것을 볼 수 없습니다. 황금 언덕이라는 것 뒤에 숨겨져 있기 때문이죠. 하지만 우리는 곧 거기에 도착할 겁니다. 그리고 그곳에서 당신은 지금 보고 있는 것들보다 훨씬 더 인상적인 것들을 보게 될 것입니다."

30분쯤 지나 여행의 막바지에 다다르자, 아스팔트 길은 끝나고 좁고 울퉁불퉁하고 자갈 길이 시작되었다. 옥수수 밭 사이로 난 꼬불꼬불한 길은 끝없이 연결되어 멀리 펼쳐져 있는 호수의 광경이 옥수수 줄기 사이로 조금씩 보이곤 했다.

"이 길을 지나면서 몸살이 나지 않고 집에 도착한 적이 거의 없어요" 존은 우리 앞에 움푹 파인 구덩이들 사이로 자동차를 힘겹게 운전하면서 이렇게 말했다. "하지만 염려하지는 마세요. 우리는 이 고난의 길 via dolorosa에 대한 상급을 받을 테니까요."

우리는 그곳에 도착했다. 마침내 산티아고 마을로 들어섰을 때 우리를 호의적으로 보지 않는 많은 남자와 여자들, 그

방문객들을 맞이하고 있는 아티트란 호수의 전경

리고 알록달록한 색깔의 옷을 입은 어린이들에게 둘러 쌓여져 있는 사실을 발견했다. 우리는 천천히 차를 몰아 좁은 길을 지났고 어수선한 장터를 통과하여 거대하고 오래된 식민지식 교회 옆에 위치한 중앙 광장에 도착했다. 우리는 자동차에서 내려 교회 계단으로 길이 올라갔다. 현관 문 앞까지 올라간 후 아래를 내려다 보니 깜짝 놀랄만한 광경이 펼쳐져 있었다. 산티아고의 작은 마을이 우리를 둘러싸고 있는 것이다. 가옥들과 오두막집 뒤에는 반짝이는 호수가 있었고, 그 위에는 점처럼 작은 고기 잡이 배들이 떠 있었다. 그리고 호수 뒤에는 산이 가파른 경사를 이루며 솟아 있었고 그 위를 나무들

구름으로 에워싸인 화산을 배경으로 하고 있는 마을

과 옥수수 밭이 뒤덮고 있었다.

"어떠세요?" 존은 이렇게 물었다.

"정말 너무나 아름답고 평화롭고 평온해요. 뉴욕이나 보스톤과는 너무 달라요." 나는 이렇게 대답하면서 내가 느낀 감동을 제대로 표현해 보려고 애썼다.

"산티아고에 오신 것을 환영합니다. 당신이 이곳에 와주셔서 정말 기쁩니다." 존은 부드러운 미소를 지으며 이렇게 말했다.

"당신은 많은 것들을 보게 될 것입니다. 어떤 것들은 거룩하고 어떤 것들은 사악할 것입니다. 어떤 것은 좋고 어떤 것

두려움을 이긴 사랑

은 나쁠 것입니다. 어떤 것들은 아름답고 어떤 것들은 추할 것입니다. 다시 말해 지금 당신 앞에 펼쳐진 것들이 모두 사랑스럽지만은 않을 것입니다. 혹시 당신은 이곳의 경치만을 보고 이곳을 낙원이라고 생각할지 모르겠습니다. 하지만 아직까지 이곳은 분명 낙원은 아닙니다."

우리는 과테말라에 대한 글들을 읽어 보았기 때문에 그의 말이 진실인 것을 어느 정도 알고 있었다. 하지만 그 순간 만큼은 그 글들을 떠올리기가 어려웠다.

"집 안으로 들어가 보시죠" 존은 이렇게 말했다. "우선 제가 가장 아끼는 장소를 당신께 보여드리고 싶습니다."

로라의 방

우리는 사제관, 수녀관, 상담소 등으로 구성되어 있는 큰 건물 안으로 들어갔다. 어디로 가든 우리는 이리저리 뛰어 다니고, 장난을 치고, 약을 받기 위해 기다리고, 바닥을 박박 문지르고, 옷을 세탁하고, 음식을 준비하고, 그저 잡담을 하면서 웃고 있는 사람들을 만날 수 있었다. 그것은 너무나 많은 얼굴들이며, 색깔들이며, 소리들이었다.

"이 모든 사람들은 누구인가? 이들은 무엇 때문에 여기에 있는 것인가? 이들은 무슨 이야기를 하고 있는 것인가? 이 모든 것들은 무슨 의미를 지니고 있는가?"

존은 우리가 당황스러워하고 있다는 사실을 알아 차렸다. "긴장을 푸세요…걱정하지 마세요…저만 따라오시면 됩니다."

불현듯 우리는 작은 방안에 들어와 있었다. 그곳은 이 집의 중심부에 위치한 곳이었다. 그곳은 우리가 좀 전까지 지나오면서 들었던 많은 소음들과는 대조적으로 매우 조용하고 황량하기까지 했다. 또한 매우 평범한 방이었다. 한 쪽 구석에는 성궤가 서 있었고 그 주위를 몇 개의 초와 큰 꽃이 담긴 두 개의 화병이 두르고 있었다. 그리고 축복받은 동정녀 마리아의 동상도 보였다. 바닥에는 오래된 몇 개의 의자와 여러 개의 쿠션들이 있었다. 성궤와 마주보고 있는 벽에는 큰 포스터 한 장과 작은 사진 여러 장이 핀으로 꽂혀 있었다. 나는 그 사진들이 산 살바도르San Salvador의 전임 대주교였던 오스카 로메로Oscar Romero와 이타 포드Ita Ford 수녀, 그리고 1980년에 일어났던 엘살바도르 내전 때 죽었던 두 명의 희생자의 사진들이라는 사실을 감지했다. 반대편 벽에는 세 개의 큰 초상화가 걸려 있었다. 두 개의 위엄 있는 초상화는 미국인 주교들의 모습을 담은 것이었고 그 옆에 있는 나머지 한 개의 큰 초상화는 로터의 모습을 담은 것이었다. 그의 얼굴에는 수염이 나 있었고 그의 복장은 편안했고, 그의 인상은 강인했고 눈빛은 부드러웠다. 우리는 바닥에 무릎을 꿇고 앉아 잠시 기도를 드렸다. 우리는 지금 어떤 장소에 와 있는지 알게 되었다. 나는 현재 내가 어떤 감정을 느끼고 있는지 이해하기가 어려웠다. 그것은 정말 힘든 시간이었다. 그것은 슬픈 감정이면서 동시에 기쁜 감정이었으며, 고뇌의 감정이면서 동시에 승리의 감정이었으며, 절망의 감정이면서 동시에 소망의 감정이었다. 그 모든 감정들이 이 작은 기도실에서 일어나고 있었던 것이다.

잠깐의 시간이 지난 후 존은 이렇게 말했다. "이곳은 그들이 로터를 살해한 방입니다. 성궤 아래 바닥을 한번 보십시오. 그를 죽이려고 쐈던 총알들 중 한 개의 총알이 낸 구멍을 볼 수 있을 것입니다…그리고 여기도 한번 보십시오. 아직까지 벽에 그의 피가 얼룩져 있습니다. 그의 고통이 얼마나 컸는지 짐작하게 하는 증거입니다." 나는 다시 한번 그의 초상화를 바라보았다. 오클라오마의 농부, 사제, 순교자…그는 1981년 7월 28일 이른 아침 잔인하게 살해당한 것이었다.

피터와 존과 나는 잠시 동안 그곳에 서 있었다. 평범하기 그지 없으면서도 우리 마음 속을 신비한 경외감으로 가득 채우는 이 장소를 둘러 보면서 말이다. 나는 그를 죽인 세 사람에게 거의 아무런 분노심도 느끼지 않았다. 오히려 이 집에서 13년 동안 살았고 어떻게 보면 쓰라리지만 영광스러운 최후를 맞이한 한 사람에게 고마움만을 느꼈다. 내 입에서는 어렵지 않게 이런 말이 새어 나왔다. "스탄, 우리를 위해 기도해 주세요. 우리의 현재를 위해 그리고 죽음의 순간을 위해 기도해 주세요."

오랜 침묵이 흐른 후 존은 이렇게 말했다.

***

제가 처음 이 방으로 들어와 보았을 때 저는 무언가 잘못되었다는 사실을 알았습니다. 이곳은 단순한 장소가 아니었습니다. 어느 날 밤 수녀들과 함께 기도를 하고 있던 중 제 머리에 어떤 영감이 떠올랐습니다. 제가 그것을 수녀들에게 이야기하자 수녀들은 멋진 아이디어라고 말해 주었습니다. 우리는 로터가 순교했던 방을 예배당으로 만들었습니다. 지금까지 우리는 더 좋은 방법을 생각해 내지 못했습니다. 이제 우리는 알게 되었습니다. 우리는 로터가 순교했던 방에 함께 모여 기도할 수 있게 되었습니다. 저는 지난 3년 동안 왜 이 방이 아무도 찾지 않는 황량한 곳으로 방치되었는지 도저히 이해할 수 없었습니다. 몇 가지 이유로도 이곳은 분명 우리가 하나님을 경배하는 장소가 되어야 했습니다. 이곳은 하나님께서 당신의 백성들에게 행하셨고 지금도 행하고 계신 위대한 일들을 찬양하는 장소가 되어야 했습니다. 이곳은 로터의 삶과 죽음으로 인해 하나님께 감사 드리는 장소가 되어야 했습니다. 그리고 우리에게 힘과 용기를 주셔서 하나님의 사랑을 전하고 사람들을 화해시키게 해 달라고 하나님께 기도 드리는 장소가 되어야 했습니다.

***

그 순간 이후로 로터의 방은 작은 예배당으로 변모되었다.

사후에도 그의 사역을 계속해서 감당해 온 존과 카르멜회 수녀들은 하루에 세 번씩 이곳에 모여 기도를 드렸다. 어느 날 아침 6시 정각에 그들은 기도하기 위해 그의 방으로 들어갔다. 그때 존은 벽에 걸려 있는 사진을 보고는 갑자기 웃기 시작했다. 20년도 더 된 그 사진에서 로터와 존은 메릴랜드Maryland 에미츠버그Emmitsburg에 있는 성 마리아 신학교에서 오늘과 똑 같이 이른 시간에 기도하기 위해 함께 모여있었다. 그 사진은 정말로 존의 웃음을 자아냈다. 그들은 20년도 더 지난 지금 또 다시 이 방에서 이런 모습으로 만나고 있었기 때문이다.

존은 인생을 살면서 몇 개의 우연한 사건들과 만났다. 그것들은 모두 존을 향한 하나님의 신비한 계획의 일부였다. 그 중의 하나는 성령님의 활동에 관심을 집중하고 그분의 음성에 귀를 기울여야 하는 사건이었다.

하나님께서는 로터와 존을 단지 일 년 동안만 같은 신학교에서 만나게 하셨다. 하지만 그 기간은 존이 로터의 갑작스런 피살 소식을 듣고 마음 속으로 그의 사역을 계승해야겠다는 깊은 열망을 가지게 하기에 충분한 시간이었다. 작은 방 안에서서 실탄 발사로 생긴 구멍과 출혈로 얼룩진 벽을 보면서 존은 하나님께서 자신을 산티아고 아티트란으로 부르셨다는 사실을 확신했다. 로터의 신실함은 존의 소망이 되었다. 그의 죽음은 존의 생명이 되었다. 로터의 목격자들은 존이 산티아고 사람들과 함께 사역을 계속할 수 있게 한 용기의 원천이 되었다. 언젠가 터툴리안Tertullian은 이런 글을 썼다. "순교자의 피는 교회의 씨앗이다." 로터는 씨앗을 뿌렸다. 존은 곡식을 수확하러 왔다.

이 새로운 예배당을 방문한지 며칠 후 나는 안젤리코 메로토Angelico Melotto가 1981년 9월 3일 산티아고 아티트란 교회에서 설교한 설교문을 읽었다. 그것은 로터의 죽음을 추도하는 예배의 설교문이었다. 그의 말들은 하나님께서는 신비한 방법으로 당신의 백성들을 인도하신다는 평소 나의 어렴풋한 신념을 더욱 강렬한 것으로 만들어 주었다. 메로토는 이렇게 말했다.

***

과테말라에 교회를 세우는 일은 완성되지 않았습니다. 아직도 이 세상의 다른 곳에서는 피 흘림이 일어나고 있습니다. 지금 순교하고 있는 사람들의 피는 과테말라에 교회를 세울 것입니다. 오늘날 폭력에 의해 희생된 말씀의 사제들, 수사들, 목사들, 전도자들, 선교사들은 현대의 순교자들입니다. 그들은 과테말라 교회의 역사 안에서 기억될 것입니다. 그리고 가장 빛나는 영광을 얻게 될 것입니다.…

산티아고 아티트란 교회 앞에 서 있는 존 베시와 헨리 나우웬

그리스도의 진실한 순교자 로터 신부가 교회에서 가장 권위 있는 사람으로 인정 받을 날도 머지 않았습니다… 우리는 그에게 우리를 위해 기도해 달라고 요청할 수 있습니다. 교회는 그것을 금하지 않을 것입니다. 우리는 그의 기도를 통해 우리에게 필요한 것을 얻게 될 것입니다. 그러니 우리 모두는 그가 하나님의 은총을 구해 하나님께서 곧 이 교구 공동체에 훌륭한 사제를 보내주시도록 기도합시다. 그의 모범을 따르고, 그의 사역을 계승할 훌륭한 사제를 다시 보내주시도록 기도합시다. 할렐루야!

***

이 말씀이 내 마음에 잔잔히 스며들었을 때 나는 로터의 생명과 존의 생명이 얼마나 깊이 서로 연결되었는지 분명히 이해할 수 있었다. 이러한 연결점은 단지 이 두 사람이 몇 년 전 가볍게 몇 번 만난 적이 있었기 때문에 또는 두 사람 모두 순교하려는 열망을 가지고 있었기 때문에 생겨난 것이 아니었다. 그것은 바로 지난 3년 동안 순교자 사제를 위해 열렬히 기도해왔던 산티아고 아티트란 사람들 때문이었다. 존은 이것을 잘 알고 있었다. 그렇기 때문에 존이 다음과 같은 말을 하면서 나를 초대한 것은 단순한 형식적 태도가 아니었다. "저는 당신이 저를 방문해, 저와 이곳 사람들과 함께 기도해주셨으면 합니다."

피터와 내가 존과 함께 그곳에 머물렀던 6일은 슬픈 경험들뿐 아니라 감동적이고 즐거운 경험들로도 가득 채워진 시간이었다. 우리는 존과 수녀들과 함께 기도를 하기도 했고, 화려한 교회 절기 축제에 참여하기도 했고, 세 명의 어린이들의 장례 예배를 목격하기도 했고, 성만찬과 교리문답 행사에 참가하기도 했고, 묵상의 집 근처에서 짧은 묵상의 시간을 가지기도 했고, 이웃 교구를 방문하기도 했고, 산티아고 거리에서 걷고 뛰기도 했고, 많은 종류의 옥수수 빵과 콩 빵을 먹기도 했다. 하지만 그 어떤 활동들도 자기들의 삶과 죽음을 통해 당신의 백성들을 향한 하나님의 신실하심을 구체적으로 드러내고 기도의 삶의 진정한 의미를 가르쳐 준 이 두 사람과 만나는 것보다 중요하지는 않았다. 이들의 이야기는 정말로 들려져야 할 필요성이 있는 이야기이다.

죽기까지 신실하게

"오늘날 순교의 고난을 받은 사람들은
역사 속에서 인간성을 고양시킨 사람들로 기억될 것입니다.
왜냐하면 모든 인간들은 하나님의 형상으로 지음 받았고
그리스도 안에서 우리의 형제들이자 자매들이기 때문입니다."

Love in a fearful land

당신 백성들 안에 계신 그리스도를 위하여

1550년경 프란체스코회에서 건립한 거대한 신민지식 교회의 중앙 강대상 뒤에는 로터의 심장과 피로 흠뻑 젖어 있는 거즈들이 묻혀있다. 가족들은 고향에 그의 시신을 매장했지만 산티아고 아티트란에도 그의 심장과 피의 일부를 남겨 두었다. 그의 무덤 앞 비석에는 이런 글귀가 새겨져 있었다. "스탠리 프란시스코 로터 신부, 사제이자 순교자."

내가 매번 교회 안으로 들어갈 때마다 사람들은 그의 비석 앞에서 기도하고 있었다. 그들의 기도소리는 너무나 커서 회중석 맨 뒤까지 들릴 정도였다. 로터의 비석 주위에서 무릎을 꿇고 기도하던 수 많은 사람들이 돌아간 후 한 시간 정도가 지나서야 존은 7월 28일 밤에 관한 이야기를 들려 주었다.

아마도 교회가 공식적으로 로터를 성인으로 인정해 주는 데는 몇 년, 몇십 년, 아니 몇백 년이 걸릴지도 모른다. 하지만 산티아고 아티트란 사람들은 그렇게까지 오래 기다릴 수가 없었다. 그들은 이미 로터를 그들의 원어로 "아프라스A´plas" 즉, 성인으로 부르고 있었다. 그들은 매일마다 그를 찾아와 개인적인 필요들을 구체적으로 말하면서 그의 도움을 요청했다. 그는 그들의 신부이자 형제이자 친구였다. 그는 이 땅에서 13년간 그들을 섬겼고 지금은 천국에서 그들을 위해 중보하여 기도하고 있다. 그는 가난하고 압제 당하고 굶주린 사람들을 위해 지금도 하나님께 호소하고 있다. 그들은 이 사실을 너무나 잘 알고 있었다. 살아생전에 로터는 그들을 가르쳤고, 먹였고, 치료했고, 돌보았고 그들을 위해 기도했다. 지금도 그는 분명 그들을 돌아보고 있다. 그는 그들의 목자였다. 지금도 그는 여전히 그들의 목자이다.

  강대상 앞으로 가까이 다가가면 로터의 모습이 담긴 큰 사진을 볼 수 있다. 존은 설교 도중 가끔씩 그 사진을 손으로 가리키곤 했다. 그러면 사람들은 특별한 주의를 기울였다. 그들은 몇 년 전 아프라스가 자기들에게 전해 주었던 그 이야기들을 다시 한 번 더 듣고 싶어했다. 그들은 그에 대한 기억을 떠올리기 원했고 그것을 통해 힘을 얻기 원했다. 그들은 아프라스를 회상하면서 존의 설교를 듣자 흡족한 듯 고개를 끄덕였다. 그들은 마치 "그래, 이것은 그가 우리에게 해 주었던 말씀이야, 우리는 그것을 결코 잊을 수 없어." 라고 말하는 듯 했다.

산티아고 아티트란의 트주투힐 인디안들을 위해 매일 기도했던 이 사람은 누구인가? 모든 사람들이 기억할 만큼 위대한 사랑의 말씀을 전한 이 사람은 누구인가? 깊은 감사와 사랑의 마음을 자아내게 한 사진 속의 이 사람은 누구인가? 메로토 주교는 로터가 마침내 교회의 최고 권위자들로부터 진정한 순교자로 인정 받게 될 것이라고 예견하면서 이렇게 말했다. "오늘날 순교의 고난을 받은 사람들은 역사 속에서 인간성을 고양시킨 사람들로 기억될 것입니다. 왜냐하면 모든 인간들은 하나님의 형상으로 지음 받았고 그리스도 안에서 우리의 형제들이자 자매들이기 때문입니다." 이 문장은 로터만이 가질 수 있는 고유한 가치를 드러내 준다. 그는 초대교회 그리스도인들처럼 하나님이신 예수 그리스도 외에 다른 신들을 섬기라는 강요를 거부하여 사자 밥으로 던져지지는 않았다. 그는 초기 일본 선교사들처럼 그리스도께서 십자가에 달리신 그림을 밟고 지나가라는 강요를 거부하여 모진 고문을 당하거나 사형을 당한 것은 아니다.

로터는 인간의 존엄성을 되찾기 위해 오랫동안 고통을 받아온 사람들을 신실하게 돌보려다가 죽임을 당했다. 그는 그들에게 읽고 쓰는 법을 가르쳤고, 적당한 영양분을 공급하면서 건강을 돌보았고, 경작할 수 있는 작은 땅이라도 얻어 주기 위해 분투했다. 그는 그들이 가난과 압제의 사슬로부터 조금씩 해방될 수 있도록 최선의 노력을 기울였다. 그는 그렇게 그들과 함께 있어 주었다.

로터는 인간성을 고양시킨 순교자였다. 그는 가난하고 지친 사람들을 지속적으로 돌보다가 죽임을 당했다. 왜냐하면 그의 모습은 현존하는 질서에서 어떤 변화가 일어나지 않기를 바라는 사람들에게 위협이 되었기 때문이다. 부유한 사람들은 벽 뒤로 재물을 숨기고 가난한 사람들은 생존을 위해 음식을 구걸하는 것, 그것이 바로 현존하는 질서였다. 로터는 일상 속에 존재하고 있는 그리스도를 위한 순교자였다. 가난한 사람들 속에서 가난하게 살아가고 있는 그리스도를 위한 순교자였다. 1981년 7월 13일 그러니까 그가 보낸 마지막 편지들 중 하나에서 그는 예수님의 말씀을 인용했다. "내가 주릴 때에 너희가 먹을 것을 주었고, 목마를 때에 마시게 하였

로터의 비석에는 이런 예수님의 말씀이 기록되어 있다:
"사람이 친구를 위하여 자기 목숨을 버리면 이에서 더 큰 사랑이 없나니"

STANLEY FRANCISCO ROTHER
SACERDOTE MARTIR
NACIO 27 DE MARZO 1935 OKARCHE, OKLAHOMA
ORDENADO SACERDOTE: 25 DE MAYO 1963
LLEGADA A LA DIOCESIS: 17 DE JUNIO 1968
RMANECIO EN ESTA PARROQUIA DE "SANTIAGO APOSTOL" 13 AÑ
ASESINADO: 28 DE JULIO 1981
"NO HAY AMOR MAS GRANDE
QUE ESTE: DAR LA VIDA
POR SUS AMIGOS"
JN. 15:13

두려움을 이긴 사랑

고" 그는 이런 말을 덧붙였다. "이 말씀은 제가 가장 즐겨 인용하는 말씀들 중 하나입니다. 저는 이 말씀을 자주 언급하곤 합니다…" 로터는 자기에게 맡겨진 사람들을 위한 순교자였다. 그는 그들의 얼굴에서 고통 당하시는 그리스도를 인식했다.

  어떤 사람들은 그의 죽음에 관한 이야기를 읽으면서 그가 과테말라 정치 폭동의 불운한 희생자였다고 생각할지도 모른다. 그들은 그가 잘못된 시점에, 잘못된 장소에 있었기 때문에 죽은 것이라고 단정지을지 모른다. 그들은 그리스도를 향한 그의 믿음과 사역자로서의 사명감 그리고 강력한 내적 신념은 그의 죽음과 별로 관계가 없다고 생각할지 모른다. 그들은 그가 그리스도를 위한 순교자로, 교회의 성인으로 인정 받는 것은 불합리한 일이라고 생각할지 모른다. 그러나 이런 식으로 반응하는 사람들은 오늘날 중남미 교회에서 일어나고 있는 새로운 형태의 순교를 제대로 인식하지 못하고 있는 것이다. 지금도 당신의 백성들과 함께 계시는 그리스도께서는 그를 순교자이자 당신의 증인으로 여기실 것이다. 로메로 대주교, 이타 포드 수녀와 그녀의 동료들, 그리고 양심적으로 자신의 믿음을 포기하지 않고 그리스도의 몸인 교회의 위대한 신비를 새로운 방법으로 보여 준 수 없이 많은 사람들처럼 로터는 순교자였다. 로터는 그의 사람들을 위해 죽었다. 그리고 그리스도를 위해 죽었고 그리스도와 함께 죽었다. 십자가 위에서 돌아가시고 삼 일 만에 다시 살아나신 그 그리스도께서는 지금도 당신의 백성들에게 다함이 없는 하나님의 깊은 사랑을 계속해서 보여주고 계신다. 그리스도께서는 과거에도, 현재에도, 미래에도 변함 없이 모든 사람들에게 당신 자신을 드러내신다. 사람들이 고통 받고 있고 새로운 생명을 갈구하고 있는 장소라면 어디에나 또는 그런 시간이면 언제나 그리스도를 통한 하나님의 구원의 신비는 계속해서 일어난다.

  이것은 말 그대로 신비이다. 이것은 교회의 신비이다. 하나님의 사람 로터의 순교는 이러한 신비를 다시 한번 더 분명히 증명해 주었다. 그리스도의 죽음처럼 그의 죽음 역시 어떤 정치적 맥락에서 일어났다. 우리는 매번 이렇게 우리의 신앙을 고백한다. "그리스도께서는 본디오 빌라도에게 고난을 받으사 십자가에 달려 죽으시고" 우리의 믿음 역시 정치적 맥락 속에서 평가된다. 우리의 믿음은 인간 역사의 구체성 즉, 권세적 억압과 사회경제적 긴장 속에서 분명히 드러난다. 하나님께서는 바로 그런 환경 속에서 당신의 사랑을 드러내신다. 하지만 하나님의 구원의 신비를 당시의 정치적, 사회경제적 긴장으로만 해석하려는 것은 바람직하지 않다. 그것은 마치 현재 일어나고 있는 전쟁을 무기의 탓만으로 돌리는 행위와 비슷하다.

산티아고 아티트란 교회에서 열린 로터 신부의 추도예배

로터의 순교는 최우선적으로 영적인 사건이다. 그것은 하나님의 성령이 인간 역사에 깊이 개입한 사건이다. 물론 정치적인 맥락은 우리로 하여금 하나님께서 진실로 육체의 몸을 입으셨고 인간과 함께 사셨다는 사실을 상기하는데 도움을 준다. 그리고 그것은 자주 끔찍한 일상을 살아가는 우리에게 구체적인 위안이 되기도 한다.

조용한 거인

나는 로터를 개인적으로 만나본 적이 없다. 존 베시로부터, 그와 함께 생활했던 카르멜회 수녀들로부터, 그의 교구 성도들로부터, 그가 생애 마지막 일 년 동안 썼던 22개의 편지 그가 죽은 후 몇 달 동안 출간된 글을 통해 그를 알게 되었다. 이러한 모든 출처들은 로터가 매우 신실하고, 철저하고, 인자하고, 친절하고, 근면하고, 마음씨 고운 오클라호마의 농부였다는 사실을 말해주었다. 존은 로터와의 첫 만남을 생생하게 기억하고 있었다. 그것은 신학교의 농구코트에서였다.

***

부르클린 출신의 한 소년인 나는 오클라호마 중서부 출신의 한 건장한 청년과 함께 농구를 하고 있었다. 그는 정말로 농구를 어떻게 하는지 잘 몰랐다. 그는 계속해서 내 정신을 번쩍 들게 했다. 그는 내 몸을 부딪힐 때마다 내게 사과를 했다. 하지만 나는 그에게 화를 낼 수 없었다. 왜냐하면 그는 파울을 범할 때마다 미안한 안색을 드러냈기 때문이다. 그의 몸은 마치 강철로 만든 몽둥이처럼 단단했다. 하지만 그는 너무나도 부드러운 사람이었다. 내가 감히 화를 낼 수 없었던 것도 바로 그 부드러움 때문이었다.

***

로터의 가족들과 친구들은 자주 그가 "강하면서 부드러운" 사람이었다고 말했다. 그 중에서도 로버트 실버맨 Robert Silverman 신부의 묘사는 가장 감동적이었다. 그는 이렇게 말했다. "그의 눈동자는 부드러웠습니다. 그것은 실로 부드러운 사람의 눈동자였습니다. 그는 아름다운 사람이었습니다. 지구가 달에서 멀 듯 그는 폭력과 거리가 먼 사람이었습니다. 그는 전혀 계란 풀 타입의 사람이 아니었음에도 불구하고 조용했습니다. 그는 실로 조용한 거인이었습니다. 그는 사람들이 그를 필요로 할 때 마다 거기에 있었습니다. 눈에 띄지 않는 모습으로 말입니다. 그는 자기 자신에 대한 모든 것을 알고 있었던 사람이었습니다" 로터의 여동생은 그의 아름다운 초상화를 보면서 이렇게 말했다.

"그는 조용한 사람이었습니다. 하지만 그는 해야 할 일이 생길 때마다 그것을 완벽하게 해냈습니다. 그는 결코 어떤 일

산티아고 아티트란에서 어린이와 함께 하고 있는 로터 선교사

이든 미완인 채로 남겨놓지 않았습니다." 그녀는 존을 향해 이런 말을 덧붙였다.

"그가 웃을 때, 당신도 그의 기쁨에 동화되지 않던가요? 그는 정말 활짝 웃었습니다. 그럴 때마다 당신도 웃고 싶지 않았나요?"

나는 마음의 눈으로 산티아고 거리를 활기차게 걷고 있는 한 선교사를 본다. 자신에 맡겨진 사람들과 함께 기쁨과 슬픔을 나누고 있는 한 선교사를 본다. 특별히 웃음을 통해 그들 모두를 하나로 만들고 있는 한 선교사를 본다.

그는 "상한 갈대"를 꺾지 않으시면서 동시에 공의를 실현시키기 원하시는 하나님의 강하고 용감한 종이었다. 그의 사진은 그의 부드러운 눈동자를 보여준다. 그의 편지들은 그가 자기의 사람들을 돌보아 왔음을 말해준다. 그리고 그의 친구들은 그가 인간 존엄성의 편에서 끊임 없는 노력을 해왔음을 증언한다.

분주한 교구

1968년 6월 로터는 고향 교회에서 사제직을 충실히 감당한 후, 산티아고 아티트란 선교팀의 일원으로 임명을 받았다. 4년 전, 오클라오마씨티의 툴사 교구는 새롭게 개척된 과테말라 소로라 대교구에 여러 명의 사제들을 파송했다. 이후 그들은 이 지역에서 가장 오래된 교구인 산티아고 아티트란 교구에 대한 책임까지 완전히 떠맡게 되었다. 메로토 주교는 로터를 추모하는 설교에서 그들이 감당했던 초기 사역을 이렇게 묘사했다.

***

첫 번째 사제단은 리버랜드 라몬 카르린Reverend Ramon Carli이 이끌었습니다… 그들은 엄청난 열정과 풍부한 물적 자원을 가지고 목적지에 도달했습니다. 그리고는 즉시 "미카토크라Micatokla"라는 이름 하에 수립된 그들의 위대한 계획을 실천해 옮기기 시작했습니다. 이것은 아티트란의 모든 사람들에게 대단한 기쁨을 가져다 준 원인이 되었습니다. 오클라오마로부터 첫 번째 사제단이 온 후 얼마의 시간의 지나자 젊은 신부 스탠리 프란시스 로터가 이곳에 도착했습니다. 그는 자신의 피를 흘리면서까지 목자로서 헌신적인 활동을 했습니다.

***

1968년 서른세 살의 나이로 산티아고에 도착한 로터는 이곳에서 자기가 해야 할 일이 너무나 많음을 발견했다. 그가 맡은 사람들 중 많은 수의 사람들은 만성적인 굶주림에 시달리고 있었다. 여름에는 들판에 옥수수, 콩들, 호박들이 풍성하게 자라나고, 9월에는 우리가 상상할 수 없을 만큼 많은 아보카도가 수확됨에도 불구하고, 트주투힐의 인디안들은 그러한 풍요로부터 거의 아무런 수입도 얻지 못하고 있었다. 어떤 사람들은 작은 땅이나마 소유하고 있어 그것으로부터 양식을 얻을 수 있었지만 훨씬 많은 수의 사람들은 남의 땅에서 열심히 일하고도 턱없이 작은 보수를 받으며 생활하고 있었다. 그들은 생명을 부지하기 위해 하루 내내, 일주일 가운데 하루도 쉬지 않고 내내 엄청난 양의 노동에 시달리고 있었다. 산티아고에는 적어도 34,000명 이상이나 되는 많은 사람들이 영양실조에 걸려있는 상태였다. 구아달로프Guadalupe 수녀는 양호실을 운영하면서 매주 몇백 명의 인디안들과 만나야 했다. 내가 그녀에게 이들의 가장 심각한 건강상 문제는 무엇이냐고 물으면, 그녀는 주저 없이 이렇게 대답했다. "영양결핍입니다. 이것 때문에 그들은 어떤 종류의 질병이라도 쉽게 감염됩니다. 심지어 이것은 죽음의 원인이 되기도 합니다. 특히 영아나 어린이들에게는 더 치명적입니다."

나는 그녀의 말이 사실이었음을 직접 목격했다. 피터와 나는 산티아고에 머문 며칠 동안에 두 살도 채 안 된 세 명의 아기들의 장례식을 목격했다. 문맹 역시 또 하나의 문제였다. 이곳에서 스페인어를 말하거나 읽거나 쓸 수 있는 사람은 거의 없었다. 게다가 그들의 토속어인 트주투힐 언어를 읽거나 쓸 수 있는 사람은 더 적었다. 주거 상황 또한 문제였다. 가족 전체가 짚으로 지붕을 엮은 오두막집에서, 그것도 방 하나에서 살아가는 가정이 무척 많았다. 그들은 한 장소에서 음식을 만들고, 먹고, 자고, 일을 해야 했다. 많은 사람들이 신경 안정제를 복용해야 할 이런 마을에 병원이 거의 없다는 것이 정말 놀랍지 않은가?

당연히 사제는 세례를 베풀고, 결혼식과 장례식을 집전하고, 수 많은 사람들에게 성찬을 나누는 법과 신앙을 고백하는 법과 교리 문답을 하는 법을 지도하고, 병든 노인들과 죽음을 맞이하는 사람들을 방문해야 한다. 매일마다 많은 수의 사람

들은 먹고 싶어도 돈이 없어 굶주리고, 도시로 나가고 싶어도 여비가 없어 나가지 못하고, 의사를 찾아가고 싶어도 병원이 없고, 사람들을 초대하고 싶어도 집이 없고, 좋은 옷을 입지

못하는 상태로 살아가고 있었다. 하지만 그들은 주님을 믿고 있었다. 매주 주일마다 3,500명의 사람들이 예배에 참석했다. 또한 교회로 나올 수 없을 만큼 먼 지역에 사는 사람들은 그

두려움을 이긴 사랑

지역에서 작은 공동체들로 모여 예배를 드렸다.

정말 할 일들과 도와야 할 사람들이 너무나 많았다. 방문해야 할 장소들이 너무나 많았다. 산티아고 아티트란에서 사역하고 있는 사람들 중 이제 사역을 끝마쳐도 되겠다고 생각하는 사람들은 아무도 없었다. 문제의 근원적 원인을 다룰 시간들은 거의 없었다. 그것들은 항상 유보적인 상태로 있어야 했다. 사제들은 본연의 일을 제대로 감당할 시간을 거의 갖지 못하고 있었다. 또한 상황의 복잡성을 조용히 성찰할 시간적 여유도 없었다. 이곳에서 사제의 삶은 그야말로 불규칙적이고 비연속적이고, 긴급하고 절박한 일들로 점철되어 있었다.

이러한 상황 속에서 로터는 자신의 모든 달란트를 발휘했다. 그는 자신의 동역자들과 함께 바로 지금 물리적, 감정적, 영적 필요를 호소하는 사람들에게 도움을 주려고 최선의 노력을 기울였다.

늘 소용했던 사람인 로터는 결코 상황에 의해 압도되거나 지배되지 않았다. 그의 강인하고 성실한 성품은 그로 하여금 매일매일 그의 백성들에게 고요한 인내심과 확고한 헌신을 드러내게 했다. 그는 결코 빠른 변화를 기대하지 않았다. 그는 단지 산티아고 아티트란 사람들과 함께 있기 원했고, 그곳에서 그가 할 수 있는 일들을 하기 원했다. 이 교구에서 사역한지 3년이 지난 즈음 그는 선교중앙회에서 각 교구들에게 배포한 개인 의견서에 이렇게 표기했다. "저는 얼마간은 이곳에서 머물 계획입니다." 이 건조한 진술은 그의 성품을 잘 드러내고 있다. 그는 극적인 것을 선호하지 않았으며 인내가 가장 좋은 방법임을 잘 알고 있었다.

그곳에서 감당했던 사역들 중 가장 두드러진 사역의 하나는 바로 어려운 트주투힐 언어를 습득한 것이었다. 사실 로터는 신학생 시절 우수한 학생이 아니었기 때문에 이것은 실로 놀라운 일이 아닐 수 없었다. 그는 공부를 잘 하지 못해 신학교에서 낙제를 당했다. 만약 에드먼드 본 에름Edmund Von Elm 신부와 빅터 J 리드 주교가 다른 모든 교수들과는 달리 그의 내면에 있는 장점들을 볼 줄 알아 그를 마리아 신학교로 보내지 않았다면 그는 결코 사제가 되지 못했을 것이다. 자기가 맡은 사람들을 향한 로터의 헌신은 그로 하여금 신학교에서 배웠던 그 어떤 것들보다 어려운 트주투힐 언어를 배우겠다는 열정을 부여했다.

산티아고 아티트란 교구로 부임한지 6년째인 1974년에 로터는 오클라오마 선교회의 임원이 되었다. 이후 몇 년 동안은 이곳에 사제들이 선교사로 파송되지 않았다. 1980년 로터의 사역을 돕고 있던 동역자는 페드로 보첼Pedro Bocel이라는 과테말라 인디언 출신 사제 한 명뿐이었다. 하지만 얼마 후 로터

는 축복의 기회를 얻었다. 바로 그의 사역을 도울 수녀단이 그곳으로 파송된 것이었다. 그는 1980년 크리스마스 편지에 이런 글을 적었다.

***

5월 초 여러 명의 수녀들이 정말로 우리의 사역을 돕기 위해 이곳에 왔을 때 나는 놀라움과 기쁨을 감출 수 없었습니다. 그들은 재빨리 자기들이 할 일을 정하고 활발한 사역을 감당한 후 9월 초에 자기들의 수녀원으로 돌아갔습니다. 그들은 모두 일곱 명으로 정식으로 훈련을 받은 인디언 수녀들이었습니다. 한 명의 멕시코 출신 수녀와 한 명의 과테말라 출신 수녀가 이끌었던 이들은 성 테레사가 설립한 카르멜회 소속이었습니다. 그들은 대부분 여성과 소녀들 및 병자들을 위한 사역, 문맹퇴치 사역, 교리문답 사역, 교회음악 사역, 교회장식 사역 등을 맡아서 해 주었습니다.

***

이 글을 읽고 있는 지금 나는 수녀들의 방문이 마치 그의 순교를 위한 거룩한 준비처럼 느껴진다. 바로 이 편지를 쓴지 7개월 후 그는 죽었고 동역자 페드로 보첼은 목숨을 구하기 위해 미국으로 피신했다. 그가 죽은 후에도 수녀들은 그의 사역을 떠맡아 도움이 필요한 사람들을 위해 삼 년 동안 헌신했다.

폭력의 확산

 1980년 9월 과테말라의 정치 상황은 매우 악화되어 로터는 자신과 교구 사람들과 동역자들의 생명이 위태롭게 되었다는 사실을 인식했다. 정부에 반항하는 듯 보이거나 혁명에 동조하는 듯 보이는 사람들은 모두 납치되어 고문을 받고 잔인하게 죽임을 당했다. 폭력은 기하급수적으로 확산되었다. 마을 전체가 파괴되기도 했고, 사람들이 대량으로 학살되거나 강제 이주를 당하기도 했다. 수 천명의 인디언들은 자기들의 고향을 버리고 달아나야 했다. 사람을 숨겨 놓았다가 발각되어 잡혀가거나 살해당하기도 했다.
 이 기간 동안 그가 썼던 많은 편지들은 우편으로 발송되지 못하고 미국에서 온 방문자들을 통해 전해졌다. 로터는 긴장이 고조되는 상황에서 안전할 수 있는 방안을 모색하려 했다. 그의 최우선 관심사는 동역자 페드로의 안전이었다. 그는 만약 정부가 페드로를 과테말라에 거주하고 있는 외국인으로 인정해주지 않는다면, 그와 그의 인디언 공동체는 위험해질 것이라는 사실을 인식했다. 이런 이유로 그의 비자를 구하기 위해 애를 썼다. 로터는 주교에게 이런 글을 보냈다.

***

제가 떠나면 죽을지도 모르는 사람을 두고 이곳을 떠날 수는 없습니다. 저는 그러고 싶지 않습니다. 그는 지금 절박한 위험에 처해 있습니다. 저는 이 나라에서 그를 내보내기 원합니다. 그는 올 1월에 겨우 사제서품을 받은 사람입니다. 사역을 제대로 감당해 보지도 못한 그가 이렇게 빨리 희생당해서는 안 된다고 생각합니다. - 1980년 9월 22일 -

***

로터는 여러 장의 편지에서 다양한 표현을 사용하면서, 자기는 아무런 방어력도 없는 교구 사람들과 함께 머물 것이며 그들을 결코 떠나지 않겠다는 입장을 강하게 전달했다. 반면 페드로의 생명을 보호하기 위해서 가능한 모든 노력을 기울였다. 로터는 또 다시 자기 자신에게는 대단한 용기를 발휘했고 다른 사람들에게는 대단한 신중을 기했다. 그는 페드로에게 비자를 얻어 주려고 최선의 노력을 기울였다. 그는 산티아고 아티트란의 상황을 이전보다 더 자세히 설명하면서 미국

로터 선교사와 동역자 페드로

에 있는 대주교에게 도움을 요청했다. 과테말라의 전반적인 불안 상태와 자신이 맡고 있는 교구의 국지적인 긴장 상태를 담은 생생한 사진들을 동봉하여 찰스 사라트카Charles Salatka에게 장문의 편지를 썼다.

✣ ✣ ✣

이 나라에는 폭동이 일어나고 있습니다. 그리고 정부는 이것을 교회의 책임으로 떠 넘기고 있습니다. 대부분의 사람들은 턱없이 낮은 임금으로 생활하고 있으며, 소수의 부자들은 엄청난 부를 누리고 있습니다. 이 땅에서 드러나는 불평등한 부의 분배는 국민들의 불만을 광범위하게 확산시킨 주요한 원인입니다. 교회는 이러한 상황을 조장한 유일한 세력으로 지목 받고 있습니다. 그래서 정부는 교회를 차례대로 탄압하고 있습니다. 어떤 사람들은 다음 핍박지역은 우리가 선교 사역을 감당하고 있는 소로라 대교구가 될 것이라고 말합니다…

이곳은 지금 매우 위험한 상황에 놓여있습니다. 7월 축제기간이 끝나갈 무렵 군대가 이곳을 강제로 점령했습니다. 그들은 전투복을 입었고 소형 기관단총으로 무장하고 있습니다. 그들은 사람들을 위협만 하고 있을 뿐 아직까지 아무런 해를 끼치지는 않고 있습니다. 그들은 삼삼오오 무리를 지어 마을을 순시하거나 거리 구석구석에 서서 모든 것들을 감시하고 있습니다. 또한 우리 마을에 외국인들이 산다는 사실을 알고 있습니다. 그래서 사제들이나 전도사들의 신상에 대해 물어보곤 합니다. 그들은 사제들과 전도사들이 어디에 살고 있는지, 공동체의 책임자는 누구인지, 교회의 지도자는 누구인지 물어보고 있습니다.

이러한 위협 때문에 다른 공동체의 지도자들 상당수는 마을을 떠나거나 찾기 어려운 곳에 숨어 있습니다. 사제관에서의 생활 역시 많이 변했습니다. 우리는 문들과 출입구들을 이전보다 훨씬 더 단단히 잠그어 놓고 있습니다. 지금 현관문은 하루 종일 닫혀있습니다. 그래서 아무도 이리로 들어오지 못합니다. 저는 지난 12년 동안 늘 변함없이 교회 앞 사거리가 내려다 보이는 방에서 잠을 잤습니다. 하지만 이 나라의 동부지역에서 사제관과

1980년 10월, 산티아고 아티트란을 점령한 과테말라 군대

수녀원이 수류탄 공격을 받았다는 소식을 들은 후로는 다른 곳에서 잠을 자고 있습니다. 벽이 나무로 지어진 집이 아닌 돌로 지어진 집에서 말입니다.

***

이 편지에는 현재의 실상이 조용히 배어있다. 과장하거나 극적으로 각색한 흔적도 없다. 두려워하거나 흥분하는 기색도 없다. 로터는 한 발 물러서 사태를 바라보듯 객관적인 시각을 견지했다. 그는 그가 처한 상황을 사진을 통해 정확히 전달했고 그들이 직면하고 있는 위험의 본질을 신중한 어조로 설명했다. 비록 그는 이 모든 정치적 불안 속에서 자신을 보호하고 있는 처지였고, 자기 교구민들을 위한 사제의 역할을 가까스로 감당하고 있는 상황이었지만, 범국가적 차원에서 올바른 신념을 가지고 국민들을 교육하고 계도하는 일의 귀중함을 결코 무시하지 않았다. 그는 이러한 노력이 과테말라 국민들의 시야를 더 넓게 열어주고 그들로 하여금 올바른 신념에 따라 살아가게 할 것이라고 생각했다. 그는 같은 편지에서 이렇게 썼다.

***

저는 우리의 일부 젊은 전도사들이 혁명을 준비하는 사람들과 함께 일하고 있다는 사실을 알고 있습니다. 그들은 자신들에게 주어진 상황에서 최대한 양심에 따라 행동하려고 하는 젊은이들입니다. 그들은 혁명만이 유일한 대안이라고 확신하고 있습니다. 그들이 정부에 반대하는 행동을 더 많이 하면 할수록 정부는 그들을 더욱 강하게 탄압하고 있습니다.

***

선한 목자

1980년 탄압은 산티아고 아티트란에 점점 더 가까이 다가오고 있었다. 신중한 로터는 매우 조심해야 할 상황임을 인식했다. 그는 교구 사람들과 수녀들, 전도사들, 그 밖의 동역자들, 협력 신부인 페드로, 그리고 자기 자신을 보호하기 위해 가능한 모든 노력을 기울여야 한다고 생각했다. 한편 할 수 있는 한 자기가 맡은 사람들 곁에 있어 주어야 한다고 생각하기도 했다. 그는 이렇게 썼다.

***

우리가 위험에 처해 있다는 것은 분명한 현실입니다. 하지만 우리는 정부가 언제, 어떤 형태로 교회에 대한 핍박의 수위를 높일지는 알 수 없습니다. 한 달 동안 모든 교육들과 공동체 모임은 취소되었습니다. 그것은 지금도 마찬가지입니다. 우리는 단지 적은 공동체로 모여 활동하고 있습니다. 저를 비롯한 다른 동역자들이 거리에 나가는 횟수는 점점 줄어들고 있습니다. 그리고 밤에는 거의 사제관을 떠나지 않고 있습니다. 정부는 종교 지도자라고 생각되는 사람들은 납치하여 고문하거나 죽이는 만행을 저지르고 있습니다. 바로 이틀 전 이웃 교구에서 사역하던 한 젊은 사제가 한 밤중에 납치되었습니다. 그는 우리 교구 수녀의 사촌이기도 합니다. 그가 살아 나오기를 기대하는 것은 무리일 듯 보입니다.

***

과테말라 인구 중 55%는 인디안 사람들이다. 미국에서 원주민들과 흑인들이 그런 것처럼, 이들 토착민들은 사회의 하류층을 형성해왔다. 그들은 오랜 세월 동안 인종차별로 고통을 겪어왔다. 그래서 그들은 너무나 쉽게 정부 탄압의 첫 번째 희생양과 피해자가 되었다. 이러한 현실을 너무나 잘 알았던 로터는 자기와 협력 사역을 하고 있는 과테말라 인디안 페드로의 신변을 걱정하지 않을 수 없었다. 반면 자신은 미국 시민권을 가졌기 때문에 페드로 보다는 안전하다고 생각하고 있었다.

***

저는 페드로 만큼 많이 위험하지는 않습니다. 왜냐하면 저는 외국인이기 때문입니다. 제가 자진해서 출국하겠다고 하면 그들은 아마도 제가 이곳을 떠날 수 있는 기회를 줄 것입니다. 그들이 미국인 사제를 죽인 일은 아직까지 없으니까요.

***

그러나 로터는 이 편지를 끝마치기 직전 매우 절제된 어조로 자기는 자기가 맡은 사람들을 위해 생명을 바칠 준비가 되어 있다는 의사를 대주교에게 분명히 알렸다. 그는 지금 당장이라도 이곳을 떠나 미국으로 출국하면 안전하게 된다는 사실을 잘 알고 있었다. 하지만 그는 오랜 세월 동안 산티아고 아티트란 사람들과 함께 엮어 온 끈끈한 사랑의 끈을 끊을 수 없었다. 그는 결코 자기의 사람들을 포기할 수 없었다. 그것은 절대 받아들일 수 없는 일이었다.

***

만약 제가 직집직이 위협을 받으면서 이곳을 떠나라는 말을 듣는다면 저는 이곳을 떠나겠습니다. 하지만 이곳에서 생명을 내주어야 하는 것이 제 운명이라면 그렇게 할 수밖에요… 저는 이곳 사람들을 저버리고 싶지 않습니다. 이것이 제가 하고 싶은 말입니다. 이 시기가 끝날 때까지 이곳에 남고 싶습니다. 지금과 같은 상황에서도 우리가 할 수 있는 선한 일들은 얼마든지

교구민들이 어린이 두 명의 시신이 담긴 관을 운반하고 있다.

많습니다… 우리를 위해 기도해 주십시오. 위험에 처한 스스로의 모습을 목격하면서도 우리가 계속해서 최선을 다해 섬김의 사역을 감당해 나갈 수 있도록 기도해 주십시오.

***

이 편지는 많은 것들을 보여준다. 무엇보다 로터가 대단히 겸손하다는 사실을 보여준다. 그는 주교의 마음을 더 쉽게 감동시키기 위해 많은 성경 구절들을 인용할 수도 있었다. 하지

두려움을 이긴 사랑

만 그는 그렇게 하지 않았다. 사제로서 주교에게 편지를 쓰면서 "사람이 친구를 위하여 자기 목숨을 버리면 이에서 더 큰 사랑이 없나니"라는 요한복음 15장 13절 말씀을 인용했다면 말하고자 하는 바를 더 쉽게 전달할 수 있지 않았겠는가?

그는 고상한 용어를 써가면서 자기가 처한 상황을 미화하려 하지 않았다. 이 편지에는 그런 기미가 전혀 보이지 않는다. 달이 지날수록 자기의 사람들과 함께 머물겠다는 헌신의 마음이 더욱 굳건해 졌으면서도 그는 그런 사실을 매우 단순한 어조로 서술했다.

한편 이렇게 긴장이 고조되고 있는 상황에서도 가끔씩 그는 유머 감각을 표출하기도 했다. 언젠가 그는 단 한 차례 순교에 대해 언급했다. 그의 이웃 교구 사제는 그가 한 말을 이렇게 인용했다. "저는 순교자들을 좋아합니다. 그들을 책으로 접해보았을 뿐이지만요." 로터가 죽음을 맞이할 시점에서 그가 보여준 모습은 성경 말씀에 나타난 형상을 연상케 했다. 그것은 자기 양들을 결코 포기하지 않는 선한 목자의 형상이었다.

1980년 9월 주교에게 보낸 편지에 그는 이에 관한 아무런 언급도 하지 않았다. 그러나 얼마 후 자기의 친구 프랭키 윌리엄스Frankie Williams에게 보낸 편지에는 그런 생각을 언급하였다.

***

위험의 징후가 감지되기 시작했다 할지라도 목자는 양들을 보호하기 위해 그것들을 저버리거나 도망갈 수 없다네. 나는 내전 기간 동안 자기가 맡은 사람들을 떠났다가 이후 다시 그들에게로 돌아가기 원했던 니카라과의 수녀들 이야기를 들었네. 그 사람들은 수녀들에게 이렇게 물어보았다고 하네. "우리가 당신들을 필요로 했을 때, 당신들은 어디에 있었습니까?" 그들은 아무 말도 못한 채 그곳을 떠날 수밖에 없었다고 하네. 나는 내게 그런 일이 일어나지 않기를 바라네. 나는 내 생명에 너무 연연한 나머지 안전한 곳으로 도망치고 싶지 않다네. - 1980년 11월 16일 -

***

그가 이 편지를 썼던 것은 11월이었다. 성탄절 시즌이 다가오자 폭력의 수위는 점점 더 높아졌다. 몇 명의 사람들이 납치되었다. 정부 당국은 좌경 분자들과 내통하는 사람들도 좌경 분자와 동일하게 간주했다. 아내와 자녀들은 그들의 남편과 아버지를 두고 고향을 떠나야 했다. 공동체의 일상 생활 속으로 두려움이 엄습해 들어오고 있었다. 로터는 공동체에 속한 어떤 한 사람이 자기를 비난하고 있음을 알게 되었다. 하지만 그는 그것을 자기가 계속해서 올바른 일을 해나가야 할 신호로 인식했다. 그는 이렇게 썼다.

두려움을 이긴 사랑

***

최근 나는 어떤 소문을 들었네. 교회와 마을의 어떤 지도자 한 명이 "신부가 사람들을 볼모로 잡고 있어"라고 불평했다고 하네. 그는 내가 내 죄를 인정하고 외국으로 떠나주기를 바라고 있네. - 1980년 성탄절 편지 -

***

이런 위험한 소문을 듣고도 그는 다시 선한 목자의 형상으로 돌아갔다. 놀랍게도 그의 사랑은 그의 두려움을 압도하고 있었다.

***

이것은 내가 육체적 위협에 직면해 있으면서도 그들 곁에 머물러야 하는 이유 중 하나일세. 목자는 위험의 징후가 감지되기 시작했다 할지라도 결코 도망칠 수 없다네. 우리가 사람들을 향한 그리스도의 사랑을 증거하는 도구가 되게 해 달라고 기도해 주게. 우리가 그들과 함께 있음으로 인해, 그들로 하여금 자신들이 지금 당하고 있는 고통을 참는 것은 하나님 나라의 도래를 준비하는 것임을 더욱 강하게 깨달을 수 있도록 기도해 주게.

***

두려움과 미소

자기 자신이 어렵고 위험한 상황에 놓이는 것보다, 어렵고 위험한 상황에 놓여 있는 사랑하는 사람을 위해 아무것도 할 수 없을 때가 더 힘든 법이다. 로터의 가족들이 그랬다. 그들은 신문을 통해 과테말라에서 일어나고 있는 끔찍한 소식들을 접하고 있었지만 정작 그에 관한 소식은 거의 듣지 못하고 있었다. 아마도 그들은 이 몇 달 동안 로터보다 더 고통스러운 나날을 보냈을 것이다. 1980년 11월 25일 여동생에게 보낸 편지에서 그는 자신 때문에 가족들이 많은 염려를 하는 것을 알고 있다고 말했다.

***

소문들… 통제할 능력도, 직접 만날 방법도 없을 때, 모든 상황들은 더 악화되는 것 같구나. 금요일 미국에 있는 대주교가 이곳 소로라에 있는 주교에게 전화를 걸어 내 소식을 물었다고 하

는구나. 그리고 자기에게 전화를 좀 걸어 달라고 부탁했다는구나. 그래서 토요일 아침 주교는 내가 있는 곳으로 기사를 보냈더구나. 나는 오후쯤 차를 타고 파나차킬Panajachel로 가 대주교에게 전화를 했단다. 그런데 깜빡 잊고 가족들에게 전화를 좀 걸어달라는 부탁을 하지 못했단다. 그리고 당시만해도 가족들에게 전화를 거는 것이 꼭 필요한 일은 아니라고 생각했단다. 다음 주 화요일이 되어서야 나는 우리 가족들 모두가 나와 연락하기 위해 과테말라 시에 있는 메리놀 하우스에 전화를 걸었다는 사실을 알게 되었단다. 그래서 내가 가족들에게 전화를 걸었던

거란다. 내 목소리를 듣자 어머니는 울기 시작하시더구나. 바로 그때 나는 우리 가족 모두가 나 때문에 얼마나 많은 걱정을 하고 있는지 알게 되었단다.

***

당신이 어떤 상황에 깊이 관여해 있고, 날마다 일어나는 구체적인 사건들에 직접적인 반응을 보일 수 있는 한 당신은 당신의 두려움과 염려를 조절할 수 있다. 하지만 만약 당신이 상황들과 사건들로부터 멀리 떨어져 있어서 도대체 무슨 일이 일어날지 예상조차 할 수 없다면 당신은 아무것도 할 수 없는 전적으로 무력한 사람이 될 것이다. 그러면 당신 마음속으로 두려움이 무섭게 엄습해 들어올 것이다. 멀리 떨어져 있는 자녀들 때문에 노심초사하는 부모의 마음이 바로 이와 같다. 로터의 부모와 가족들은 뉴스와 기사를 통해 먼 나라에서 일어나고 있는 사건들을 접하면서 근심의 나날들을 보내고 있었다. 그것은 믿기 어려울 정도로 자극적인 내용들이었다. 그러면서도 그들은 정작 들어야 할 아들과 형제의 소식은 아주 단편적으로 밖에 듣지 못하고 있었다.

반면 로터의 영혼은 매우 안정되어 보였다. 그는 결코 유머 감각을 잃지 않았다. "성궤 도둑"에 관한 이야기는 그것을 분명히 보여준다. 그는 그의 친구 조와 메리에게 보낸 편지에서 이렇게 썼다.

***

자네들은 성궤가 한쪽 구석으로 옮겨지는 것만으로도 불쾌한 감정을 가질 걸세. 자네들이 이 일을 당했다면 어찌 했을까 생각하니 웃음이 나는군. 약 보름 전에 우리 교회 수녀들은 야밤의 불청객을 만났다네. 그는 1층 창문을 넘어 교회 안으로 기어 들어왔다네… 그는 두세 개의 작은 조각상 아래에 놓여 있던 성궤를 가지고 떠나버렸네. 1층에서 자고 있던 두 명의 수녀들은 그의 인기척을 감지하지 못했다네. 하지만 2층에서 자고 있던 수녀 몇 명은 그것을 들었다고 하네. 이걸 다행이라고 해야 할지 모르겠지만, 우리는 성궤를 여는 열쇠를 잃어버린 상태였다네. 한편 성찬을 담는 작은 용기도 땅에 떨어져 조금 망가졌지만, 다음날 아침 원상태로 고쳐 놓았다네. 지금 1층 창문들에는 창살이 설치되어 있다네. - 1980년 12월 17일 -

***

신성모독적 사건에 너무도 무덤덤하고 가벼운 반응을 보이는 것을 보면 그는 분명 특이한 유형의 사제였다. 추수감사절 때 뜻하지 않은 음식을 먹었던 모습은 그의 특이함을 한번 더 보여준다.

***

올해 추수감사절 저녁 식사는 내가 애초에 계획했던 것과는 달랐네. 산 루카스San Lucas 교구는 내게 저녁 식사 초대를 했고 난 그것을 수락했다네. 하지만 난 약속 시간에 그곳으로 가지 못했네. 왜냐하면 세로 드 오로Cerro de Oro에서 예정되어 있었던 5시 예배에 참석해야 했기 때문이네. 나는 예배가 끝난 후 집으로 돌아와 빵과 땅콩 버터를 바른 샌드위치를 먹었다네. 내 배는 칠면조 고기를 기대하고 있었는데 말일세.

***

로터가 가족과 친구들에게 보낸 편지를 보면 그의 성품을 짐작할 수 있다. 그는 근면하고, 철저하고, 무던하고, 자기를 드러내지 않고, 유머를 잃지 않고, 자기가 맡은 사람들에게 헌신을 다하는 사람이었다. 그가 죽은지 3년 반 후에야 그의 편지들을 읽으면서 나는 위험이 고조되고 있는 상황에서도 그가 얼마나 강한 내면을 소유했었는지 알 수 있었다. 그리고 그것은 내게 강렬한 감동을 주었다. 그는 편지에 한 밤의 불청객과 땅콩 버터 샌드위치와 같은 농담만을 적어 놓은 것은 아니었다. 그는 자신의 신변이 점점 더 위협을 받고 있다는 사실 또한 언급했다.

***

한 달 전쯤 우리 마을에서 나흘 동안 4명이 잡혀 갔다네. 사람들은 공포에 휩싸여 있었네. 그들은 서로를 보호하기 위해 밤만 되면 교회로 피신해 왔네. 우리는 매일 밤마다 두 명씩 불침번을 세워 갑작스런 위험 상황에 대비하고 있네. 최근 정부군들은 라디오를 빼앗고 그 밖의 장비들을 모두 약탈해 갔기 때문에 우리는 그런 방식으로 상황을 파악할 수밖에 없다네. 게다가 그들은 지도자들도 잡아 가고 있다네… 2주 전 어떤 사람이 잡혀 갔는데 그는 지난주 여기서 장사를 지냈다네. 그는 정부군이 추적하고 있던 사람들 중 한 명이었다네. 나머지 두 명은 종적을 감추어 아직까지 발견되지 않았다네. 그런데 나는 오늘 내가 그들을 찾아 돌보고 있다는 소문이 돌고 있음을 알았다네. - 1980년 11월 25일 -

***

또 다른 편지에서 그는 비슷한 일련의 사건들을 언급하면서 이런 말을 덧붙였다.

***

페드로와 나는 다른 모든 사람들과 마찬가지로 두려워하고 있다네. 하지만 우리는 괜찮아질걸세… 정부군이 우리를 수배하고 있는지 아닌지, 정확한 정보를 전혀 얻지 못하고 있다네…

이 마을의 많은 지도자들은 다른 농촌지역에 숨어 있다네. 이런 일이 일어나고 있다는 사실이 정말 부끄럽네. 하지만 상황이 상황이니만큼 그것은 충분히 일어날 수 있는 일이라고 보네. 혹시 우리도 조금씩 그런 식의 태도에 익숙해져 가고 있는 것은 아닌지 모르겠네. - 1980년 11월 16일 -

***

현관 문 앞에서의 테러

새해가 시작되자 위협은 바로 그의 현관문 앞까지 다가왔다. 그는 코앞에서 가장 아끼고 사랑하는 전도사들 중 한 명이 납치되는 것을 목격했다. 그는 비통한 마음으로 이 내용을 편지로 썼고 그것은 그가 순교한지 몇 주 후 뉴욕 타임즈에 실리기도 했다. 친구에게 보낸 그 편지의 내용은 이러했다.

***

토요일 밤 전까지 지난 2주 동안은 특별한 사건 없이 조용했었네. 그런데 가장 많은 추적을 받고 있던 전도사 한 명이 우리 수도원에서 머물게 되었다네. 하지만 크게 눈에 띄는 수준은 아니었네. 그는 여기서 식사도 하고 잠도 자고 오후 늦은 시간이면 어김없이 아내와 두 자녀들을 찾아가곤 했네. 그는 교회 열쇠를 가지고 있었는데 토요일 저녁 7시 45분 경 교회 앞에서 그만 네 명의 당국자들에 의해 체포되고 말았네. 그가 현관 문 앞에 들어서려는 순간 갑자기 교회 건물 뒤에 숨어 있던 세 명의 사람들이 그를 덮쳤다네. 그는 교회 15피트 앞 계단 난간을 움켜쥐면서 도와달라고 소리쳤다네. 나와 함께 동역하는 페드로는 무슨 소란스러운 소리인가 싶어 밖을 내다보았다네. 그리고는 그가 잡혀가면서 도움을 요청하는 모습을 목격했다네. 그는 정부 당국자들에게 붙잡혀 두려워하면서 도움을 호소하는 그의 모습을 보면서도 쉽사리 그를 돕지 못하고 급히 거실에 있는 나를 불렀다네. 당시 나는 음악을 듣고 있었는데 밖에서 무슨 소리가 들리는 듯도 했지만 크게 신경을 쓰지는 않고 있었다네. 그의 호출을 받은 후에야 나는 밖에서 무슨 일이 일어나고 있는지 알았다네. 그들

1981년 1월 초 디에고 퀵(Diego Quic)이 사제관 앞에서
납치되기 2주 전 가족들과 함께 찍은 사진

두려움을 이긴 사랑

은 그의 옷을 붙잡고 교회 앞 계단을 내려간 후, 기다리고 있던 차에 그를 태웠다네. 이 과정에서 그들은 현관과 교회를 연결하는 난간을 부수었다네. 나는 당장이라도 뛰어가서 그를 돕고 싶었지만 멍하니 서 있을 수밖에 없었다네. 왜냐하면 내가 그랬다가는 그처럼 잡혀 가던지, 피살 당할 것이 분명하다는 사실을 잘 알고 있었기 때문이네. 그 차는 도와 달라고 호소하는 그를 태우고 쏜살같이 그곳을 떠났다네. 하지만 우리들 중 그 누구도 그를 도울 수 없었다네. 페드로와 프랭키 윌리엄스와 나는 얼마 전 알게 되어 사랑을 나누어 왔던 한 사람이 잡혀가는 것을 보고도 아무런 도움을 주지 못했다네. 그들은 그의 입을 틀어 막았지만 우리는 그의 입에서 새어 나오는 절규소리를 결코 잊어버릴 수 없네. 교회로 돌아오자 내 등에서는 울분으로 인한 심한 경련이 느껴졌네. 아마도 그날 잡혀 간 그 친구는 하루 이틀 동안 심한 고문을 받은 후 잔인하게 처형당했을 것일세. 바로 동족들에게 더 좋은 삶을 가져다 주려 했고 이 땅에 정의를 실현시키려 했다는 죄목 때문에 말일세. 이전에 그는 내게 이런 말을 했다네 "저는 결코 누구의 재물도 훔치지 않았고 누구의 음식도 가로채지 않았어요. 그리고 누구에게 해를 끼치지도 않았어요. 그런데 그들은 왜 저를 해치려 하고 죽이려 하는 거죠?"

주일 아침 도시에서 마을로 들어오는 마지막 버스에 탄 승객들이 납치된 것으로 보이는 사람이 도와달라고 소리지르는 것을 들었다고 우리에게 증언했네. 그들은 문이 네개 달린 군용 지프차와 그 뒤를 따르는 군용 구급차와 만났던 것일세… 그는 이제 겨우 서른 살이었고, 그에게는 아내와 한 살, 세 살의 아들들이 있었다네. 우리는 그가 무사하기를 기도하는 수밖에 없었다네.
그가 납치 된지 약 20분 후, 나는 전화국으로 달려가 산 루카스의 경찰서로 전화를 걸어 그를 납치해 간 차를 좀 조사해 달라고 부탁했네. 나는 무장을 한 사람들이 갑자기 들이 닥쳐 그를 납치해 갔다고 진술했네. 경찰들은 자기들도 그 차를 보았지만, 모르는 척 넘어갈 수밖에 없었다고 대답해 주었네. 우리는 바로 그 날 밤, 네 명에서 다섯 명 정도의 사람들이 납치되었다는 소식을 들었네. 전화국에서 돌아온 나는 교회 앞 마당에 수류탄이 떨어져 있는 것을 발견했네. 아마도 그것은 격투를 벌이던 과정에서 정부군이 떨어뜨렸던 것이 아닌가 싶네.
이 공동체에서 납치된 사람들은 모두 열한 명이며 그들은 모두 죽은 것으로 추정되네. 그리고 그들 중 오직 한 구의 시체만이 신원이 확인되어 이 곳에 묻혔네. 그리고 세 구의 시체는 간신히 치말테난고Chimaltenango 공동묘지에 묻힐 수 있었네. 그들은 모두 안티구아에서 납치된 사람들이었네. 나는 그들이 납치되고 일주일 후, 근방에 있는 모든 병원들과 시체 안치소를 찾아가 그들의 인상착의를 확인한 다음 그들의 시체를 찾아왔다네. - 1981년 1월 5일 -

***

두려움을 이긴 사랑

로터의 절제된 어조는 나를 놀라게 했다. 이렇게 끔찍한 이야기를 그렇게 덤덤하게 표현하다니 말이다. 그는 벌어진 사건을 정확하고 자세하게 묘사했다. 반면 자신의 감정은 거의 언급하지 않았다. 그는 지금 납치되어 가서 고문을 당하고 죽임을 당하게 될지도 모르는 친구의 절규를 들으면서 엄청난 분노를 느꼈다. 그는 등에 경련이 일어날 만큼 강한 울분을 느꼈다. 하지만 그는 자기를 둘러싸고 있던 폭력에 직접적으로 대응할 수 없었다. 그것은 분명 "거룩한 간격 holy distance"이었다. 그는 공포스러운 상황으로부터 달아나려 했던 것이 아니었다. 그는 그의 사람들 곁에 있어야 했으며, 날마다 늘어만 가는 그들의 필요를 채워주어야 했던 것이다. 그는 엄습해 오는 어둠의 세력들에게 직접적으로 저항하기보다는 남편 또는 아버지를 잃은 사람들을 돌보는데 전력을 다해야 했던 것이다. 그는 이렇게 썼다.

※ ※ ※

이 열한 명의 사람들 때문에 우리 공동체에는 아홉 명의 과부와 서른 두 명의 아버지 없는 아이들이 생겼다네. 이들은 긴급한 도움이 필요한 사람들이네. 또한 이곳에는 목숨을 부지하기 위해 도주해 온 사람들도 많다네. 이들이 낯선 땅에서 일거리를 찾기란 거의 불가능하네. 이들 역시 우리의 도움을 필요로 하고 있네. 이들 중 어떤 사람들은 라디오 방송국, 기계 공장, 건강 협회 등에서 급여를 받으며 일하고 있네. 하지만 농장에서 일하는 것만큼 충분한 급여는 받지 못하고 있네. 그들은 시간을 두고 다른 생계 수단을 찾아야만 할 걸세. 특히 자녀를 둔 과부들에게 그것은 절실히 필요한 일이 될 걸세. 하지만 결코 쉬운 일만은 아닐 걸세. 나는 이들을 도와 달라는 부탁 편지들을 런던으로 보냈다네… 이제 곧 그들은 얼마의 돈이라도 보내줄 것일세. 이 런던의 단체는 어떤 사람에 의해 설립되었고, 나는 거기서 도움이 필요한 사람들을 위해 모금을 하는 책임을 맡게 되었다네… 이들을 돕는 일은 정부로부터 반동 행위라는 오해를 받을 수 있다네…

***

반동 행위적 섬김

"이들을 돕는 일은 정부로부터 반동 행위라는 오해를 받을 수 있다네" 라는 마지막 문장은 로터의 순교를 암시하는 유일한 단서였다. 로터는 사제로서, 목자로서 이곳 산티아고 아티트란으로 왔다. 그리고 그는 최후의 순간까지 그 역할을 잘 감당했다. 그는 정치 활동이나 정치인과는 거리가 먼 삶을 살았다. 또한 그가 맡은 본연의 사명 즉, 사람들을 돌보는 사명에 정치활동이나 정치가들이 개입하는 것을 허용하지 않았다. 그는 그저 자신의 사명을 감당하기 원했고 그것에 높은 가치를 부여했다. 하지만 정치 권력을 가진 사람들은 시간이 지날수록 그의 목자적 헌신을 정부에 대항하는 행위로 간주했다. 가난한 사람들의 존엄성을 보장하기 위해 애쓰고 인디안 농부들에게 도움의 손길을 건네는 것이 정치적 행위로 치부되었던 것이다. 로터는 그것을 잘 알고 있었다. 그래서 그는 그들을 돕는 일이 정치적 반동 행위로 치부될 수 있다고 말했던 것이다. 그는 그것이 반동 행위로 간주될 것을 알면서도 기꺼이 위험을 감수하려 했다. 물론 신중을 기하긴 했지만 말이다. 정치적 상황은 거대한 폭력을 유발시켰고 폭력은 사람들의 깊은 고통을 유발시켰다. 그 고통은 목자적 보살핌과 치료를 필요로 했다. 하지만 그들을 보살피고 돌본 사람들은 탄압을 받아야 했다. 어떤 상황에서도 변함 없이 이들을 돌보았다는 이유로 오스카 로메로 대주교, 이타 포드 수녀, 그 밖의 많은 사람들은 죽임을 당했다. 이것은 또한 로터가 순교를 당해야 했던 진짜 이유이기도 했다.

사랑했던 전도사가 난폭하게 납치되는 모습을 본 후, 로터는 자기의 사람들 곁에 머물러야겠다는 헌신의 마음을 다시 한 번 다짐하게 되었다.

***

나는 아직도 그날의 일을 잊을 수 없다네. 지난 토요일에 일어났던 일은 정말 끔찍했다네. 그것은 바로 교회 문 앞에서 일어났네. 우리는 그가 우리와 함께 머물고 있다고 해서 우리가 이처럼 직접적인 위협을 받으리라고는 상상도 하지 못했네. 우리는 지금까지 그 어떤 직접적인 위협이나 돌발적인 폭행을 당한 적이 없었네. 게다가 지금까지 우리는 우리가 위험한 반동 분자라는 낙인이 찍혔다는 소문도 들은 적이 없었네… 요즈음 다른

마을들은 우리보다 더 심한 폭행을 경험했다고 하네. 지난 두 달 동안 세 명의 사제들이 직접적인 위협을 받아 자기가 맡은 지역을 떠나야 했다네. 그리고 두 명의 사제들은 단지 두려움을

이기지 못해 출국했다고 하네. 한 사람을 제외하고 그들은 모두 외국인들이었다고 하네. - 1981년 1월 5일 -

***

로터는 과테말라의 정치적 상황에 지대한 관심을 가지지 않았고, 혁명 운동에 참여한 적도 거의 없었지만, 과테말라 국민들에게 혁명 이외에는 특별한 대안이 없다는 것에는 공감하고 있었다. 그는 결코 폭력을 묵인하지 않았지만, 모든 종류의 폭력을 비난하지는 않았다. 그는 이 나라 국민들이 궐기하는 것은 정부의 압제에 대한 필연적이고 필사적인 반응이라고 이해했다. 그는 이렇게 썼다.

***

이 중미 지역 전체는 급격한 변화의 과정을 겪고 있네. 만약 정부가 이 사태를 평화적으로 해결하지 않겠다고 하면 분명 전쟁이 일어나고 말 걸세. 그러나 유감스럽게도 사람들은 모두 그렇게 될 것이라고 생각하고 있네… 우리가 처한 상황을 위해 기도해 주게. 우리가 안전할 수 있도록 기도해 주게. 우리가 이 하나님의 사람들을 계속해서 섬길 수 있도록 기도해 주게.

***

두려움을 이긴 사랑

처단자 명단

로터가 1981년 1월 5일자 편지를 쓴지 이틀 후, 산티아고 아티트란 근처 커피 농장인 차카야Chacaya에서 16명의 사람들이 대량 학살을 당했다. 그 사건이 일어나고 얼마 후 로터의 친구 한 명은 처단자 명단에 그의 이름이 올라와 있는 것을 정부 자료를 통해 알게 되었다. 당시 로터는 교구 일 때문에 과테말라 시에 가 있었다. 수 많은 전화 끝에 친구는 로터에게 그 소식을 전할 수 있었고, 가능한 한 빨리 이 나라를 떠나라는 조언까지 덧붙였다. 이제 로터는 직접적인 위협을 받게 된 것이었다. 그는 처단해야 할 위험인물이 된 것이었다. 산티아고 뿐 아니라 과테말라 그 어디에 있더라도 이제 그는 더 이상 안전하지가 않았다. 그에게 있어 과테말라에서 머무는 것은 자살행위나 마찬가지였다. 1월 29일 로터는 가족들이 있는 오클라오마로 돌아갔다.

로터가 자신의 사람들을 위해 기꺼이 생명을 바치겠다고

한 말이 죽임을 당하고 싶다는 의미는 아니었다. 이것은 중요한 점이다. 영웅주의는 아무런 의미가 없다. 무모한 행동은 아무런 의미가 없다. 그것이 순교하겠다는 열망이어도 말이다. 로터의 성품을 유추해 볼 때 그는 전적으로 그런 마음과 태도를 가질 사람이 아니었다. 그는 자기의 생명을 사랑할 줄 알았고 살 수 있는 날까지 살기 원했던 신중하고 분별력 있는 사람이었다.

그가 맡고 있는 사람들은 항상 그의 첫 번째 관심사였다. 하지만 그들과 함께 살 수 없는 상황과 만났기에 그는 그들을 떠날 수밖에 없었던 것이다. 한 때 그가 대주교에게 보낸 편지 속에는 이런 내용이 있었다. "만약 직접적인 위협을 받는다면 저는 이곳을 떠나겠습니다"(1980년 9월 22일). 바로 그 직접적인 위협이 닥쳤기에 그는 떠났던 것이다. 이 신실하고 분별력 있는 사람에게 그것 이외에는 다른 대안이 없었다. 고향으로 돌아오자마자 로터는 중미 선교를 위한 연합체에서 적극적인 활동을 하기 시작했다. 그들은 로터에게 과테말라의 상황에 대해 이야기해 달라고 부탁했다. 그는 페드로와 함께 멕시코에서 열린 워크샵에 참석하여 몇 번의 연설을 하기도 했다. 하지만 그는 이 새로운 단체에 너무 적극적으로 개입하여 일하는 것을 원치 않았다. 왜냐하면 그의 최우선적인 열망은 산티아고 아티트란 사람들에게 돌아가는 것이었기 때문이

1981년 1월 29일, 과테말라를 떠나 오클라호마에 안전하게 도착한 로터를
포옹하고 있는 그의 어머니 제루드 로터(Gertrude Rother) 부인

다. 그는 미국에 남아 중미 선교를 위한 연합체에서 강의나 하면서 시간을 보내고 싶어하지 않았다. 그에게는 그런 마음이 없었다. 그는 더 이상 미국을 마음의 고향으로 느끼지 못했다. 오랜 세월 동안 산티아고 사람들과 함께 지내왔던 탓에 그의 진정한 마음의 고향은 산디아고가 되어버린 것이었다. 그는 오직 한 가지만을 바라고 있었다. 그것은 가능한 빨리 과테말라로 돌아가는 것이었다.

그는 1981년 3월 3일 그리스도 안에서 형제된 마크 그루엔키 Mark Gruenke에게 이런 편지를 썼다.

"과테말라에서 12년 반 동안이나 사역을 해왔기 때문인지

트주투힐 언어로 완역된 신약 성경을 사래카 주교에게 보여주고 있는 로터 신부

나는 거의 과테말라인이 다 된 기분이네. 나는 여전히 그곳으로 다시 돌아가고 싶네."

하지만 지금 그가 그곳으로 돌아간다면 그는 안전할 수 있겠는가? 이것은 결코 무시할 수 없는 질문이다. 그는 자신의 위험을 인식하고 있었기에 자신의 열망을 제고할 수밖에 없었던 것이다.

***

나는 곧 그곳으로 돌아가고 싶네. 하지만 만약 내가 그렇게 한다면 아마도 나는 그곳에서 다시 탈출하지는 못할 걸세… 열흘 전 나는 그곳에 전화를 걸어 보았네. 그들은 정부의 직접적인 위협이 줄어들고 있으니 내가 그곳으로 돌아와도 괜찮다고 말했네. 그것은 정말 내게 큰 갈등을 느끼게 했네. 지금을 기회라고 생각하고 내가 그곳으로 다시 돌아가야 하겠나? 그 누구도 내 안전을 보장을 해 줄 수 없는 상황인데 말이네.

***

내가 원치 않는 하나의 죽

로터는 위험을 무릅쓰고 고난 주간에 산티아고 아티트란 사람들에게로 돌아갔다. 페드로 역시 과테말라로 돌아갔지만 안전상의 이유로 다른 지역에 머물렀다. 이제 로터는 이 교구의 유일한 사제가 되었다. 비록 그는 친구들에게 보낸 편지에서 "지금 이곳은 잠잠해지고 있네"(6월 1일), "지금 이곳 상황은 개선되고 있네"(6월 11일) 라고 썼지만, 그의 마음 속에는 불안감이 남아 있었다. 한편 그는 5월에 사촌 돈 울프Don wolf의 사제 서품식과 돈이 인도하는 첫 번째 예배에 참석하기 위해 미국으로 돌아가 몇 일을 보냈다. 그는 돈에게 편지를 쓰면서 교구 사제가 자기 자신 뿐인 것에 대한 염려를 비추었다.

***

자네도 언젠간 이곳에 방문할 마음을 먹게 될 걸세. 이곳은 사역하는 사람들보다 방문하는 사람들이 더 안전하다네… 난 자네가 여기서 즐겁게 사역할 수 있을 거라 생각하네. 하지만 그것은 먼 훗날의 이야기가 될 걸세. 자네는 지금부터 몇 년 간은 자네가 있는 곳에서 사역을 해야 할 것이기 때문일세. 내 동역자는 아직까지 여기서 나와 함께 사역을 하지 못하고 있네. 누군가가 와서 예배도 인도해 주고, 병든 사람들도 돌보아 주고, 그 밖의 일들도 해 준다면 얼마나 좋겠나? 그렇게만 된다면 스케줄도 자유롭게 정할 수 있고, 마음도 한결 편할 텐데 말일세.
- 1981년 6월 1일 -

***

새롭게 사제 서품을 받은 사촌에게 보낸 편지에서 그는 사제에게 가장 중요한 자세가 무엇인지 분명하게 언급했다.

***

돈, 늘 사제로서 올바른 자세를 견지하게. "섬김"은 우리의 모토가 되어야 하네. 난 오클라오마의 어떤 사제 집단들은 섬기려 하기보다 섬김을 받고자 한다는 이야기를 들었네. 나는 이런 원치 않는 하나의 죄를 짓고 싶지 않네…. 나를 위해 기도해주게.

***

이 편지에서도 그의 어조는 여전했다. 그는 우쭐하는 생각이나 분에 넘치는 열망을 품지 않았다. 사제로서 그가 가졌던 자세는 단순했다. 그것은 바로 철저하게 그가 맡은 사람들을 섬기는 것이었다. 그는 이런 철학을 견지하면서 살았다. 그는 필요하다면 죽을 수도 있다는 각오로 그가 맡은 사람들을 섬겼다.

부활절이 지난 후, 로터는 꽤 중요한 일을 준비하게 되었다. 많은 젊은이들이 성령 강림절에 신앙 고백식을 거행하자고 건의했던 것이다. 게다가 7월에 열리는 사도 야고보의 축제일도 얼마 남지 않았다. 전통적으로 이 날에 사람들은 결혼식을 올리며 성찬식을 거행한다. 수백 명의 사람들은 로터에게 행사의 지침과 편성을 요구했다. 원래 이런 일들은 전도사들이 맡아 주어야 하는데 그들은 납치에 대한 두려움으로 일에 손을 대지 못하고 있었다. 사람들의 사기는 점점 떨어져 갔고 협력도 매우 느리게 진행되었다. 로터는 자기가 자리를 비운 세 달 동안 교구의 생명력이 많이 상실된 것을 인식하고는 앞으로는 무슨 일이든 자기가 솔선하여 모범을 보여야겠다는 다짐을 했다.

***

교구에는 두려움이 만연되어 있다네… 그것은 바로 정치적 상황 때문이네… 결국 하나뿐인 전임 사제인 내가 좋은 방도를 찾아낼 수밖에 없는 실정이네. 전도사들이 지금과 같은 모습을 보인다면 우리는 아무 일도 이룰 수 없네. 나는 그들에게 그들이 맡은 일들을 충실히 수행해 줄 것을 요청했네. 그리고 그것들을 완수해 줄 것을 요청했네. 그렇다네. 나는 단지 그들에게 일을 좀 열심히 해 달라고 요청했던 것일세. 그런데 그런 나의 요청은 놀랍게도 전도사들 개개인에게 큰 도움을 주었다네. 그리고 공동체에도 큰 유익을 주었다네. - 1981년 7월 11일 -

***

7월 13일 부모님에게 보낸 편지에서 그는 자기가 맡고 있는 일들에 대한 생각을 기술했다.

***

우리는 성령 강림 주일에 149명을 대상으로 거행할 신앙 고백식을 준비하고 있습니다. 수녀들은 필요한 사항들을 정비하고 있고 저는 전도사들을 가르치고 있습니다. 전도사들은 교구에서 자기가 맡은 지역 주민들을 가르쳐야 합니다. 성령 강림 주일 후 일주일, 그러니까 7월 25일인 사도 야고보의 축제일에는 결혼식과 성찬식을 거행합니다. 우리는 그 행사를 준비할 전도사들을 가르쳐야 합니다. 한 명의 수녀와 저는 18명의 전도사들을 대상으로 결혼식에 관한 교육을 실시할 것입니다. 그리고 다른 수녀들은 나머지 전도사들을 대상으로 성찬식에 관한 교육을 실시할 것입니다. 이 날 축복을 받을 커플들은 무려 92쌍이나 됩니다. 그리고 성찬식에 참여하는 사람들도 260명이나 됩니다. 이 모든 일들이 잘 진행되어 교구에 새로운 활력이 생겼으면 좋겠습니다. 그리고 과거 몇 달간 지속되었던 두려움들이 해소되었으면 좋겠습니다.

***

죽기까지 신실하게

수녀들의 열정은 로터가 활기 있게 사역을 감당하는데 큰 도움을 주었다. 그들의 헌신은 실로 그에게 강력한 영감을 불어 넣어 주었다. 이뿐 아니라 폭력이 증가하고 있는 위험한 상황에서도 두려움을 극복하려고 노력하는 많은 사람들 역시 그의 사역에 많은 도움을 주었다. 그렇지만 그는 분명 죽음의 위험이 자기에게 점점 더 가까이 접근해 오고 있다는 사실을 알았다.

그가 미국으로 돌아가기 얼마 전 그러니까 1981년 1월에 그는 많은 인디안들이 죽임을 당했다는 사실을 편지를 통해 여러 차례 전했었다. 그리고 다시 산티아고 아티트란으로 돌아온 4월 이후에는 많은 사제들이 폭력의 희생양이 되고 있다는 내용을 자주 편지에 담았다. 그는 친구 프랭키에게 보낸 편지에서 이렇게 썼다.

입술 암에 걸린 소년 곁에 쪼그리고 앉아 있는 로터.
그는 이 소년을 치료하기 위해 그를 과테말라 시로 데리고 갔다.

***

내가 이곳으로 다시 돌아온 얼마 후인 지난 5월 중순에는 소로라 대교구의 어떤 사제 한 명이 테크판Tecpan에서 죽임을 당했다네. 그는 페트준Patzun 원주민 출신으로 이곳에서 사역한지 겨우 일 년 남짓 밖에 되지 않았다네. 한 달 전에는 제슈트Jesuit가 과테말라 시 어느 거리에서 납치를 당했는데 그 후로 그에 관한 아무런 소식도 들리지 않았다네. 열흘 전에는 이탈리아계 프랑스인 사제 한 명이 동부지역의 어느 상점 안에서 총격을 당했다네. 이사발Isabal이라고 하는 그 사람은 내가 4년 전 파나마에서 6주 과정으로 진행된 신학 수업에 나와 함께 참여했던 사람이네. 1980년 5월 1일 이후로 무려 8명이나 되는 사제들이 납치되거나 살해당했다네. 언제쯤이나 되야 이런 일들이 그치겠나? – 1981년 7월 11일 –

***

로터는 프랭키에게 편지를 쓴 바로 다음 날 또 다른 친구들인 메리와 조에게도 편지를 썼다. 그는 그들에게 이해하기 쉬운 표현으로 질문을 던졌다. "이것이 종교적 핍박이라고 생각하지 않는가?" 로터는 외국인이라도, 심지어 미국 시민권을 가진 사람이라도, 더 이상 이곳에서 특별한 위상을 부여받을 수 없다는 사실을 잘 알고 있었다. 점점 더 많은 사제들이 죽음의 위험을 피하기 위해 이 나라를 떠나야 했다. 로터 역시 자신만은 안전할 것이라는 환상을 가질 수 없었다. 그럼에도 불구하고 그가 이곳에 계속해서 머무는 이유는 단 한 가지, 바로 사람들이 구체적인 사안에서 자기를 필요로 하고 있었기 때문이다. 그는 자기 자신보다 그들을 더 많이 생각했던 것이다.

그는 교도소에 수감되어 있는 교구민들을 면회했으며, 과부들과 고아들을 돕고 보살폈으며 병자들을 방문했다. 그는 어디서든 자기가 할 수 있는 최선의 노력을 기울였다. 특별히 어떤 한 사람에게 세심한 관심을 기울였다. 그는 지난 2월 다른 지역 사람들과 함께 납치되었는데, 놀랍게도 이번 고난 주간 다리에 총상을 입은 채 마을에 나타난 사람이었다. 마을 사람들은 모두 신기한 듯 그를 바라보았다. 로터는 그에게 필요한 의료조치를 취해주고 싶어했다. 당시 뼈 전문의인 하샤 Harsha 박사는 일 년간 휴가를 얻어 자신의 의료 기술을 필요로 하는 사람들을 돕기 위해 제 3세계 국가들을 순회하고 있었다. 로터는 그가 과테말라로 왔다는 소식을 들었고 자신의 부상당한 교구민을 도울 수 있는 기회라고 생각했다. 그는 가족들에게 보낸 편지에서 이렇게 썼다.

***

저는 뼈 전문의를 방문하기 위해 소로라에 머물고 있습니다. 그는 7월 내내 이곳에 머문다고 합니다… 저는 그 의사가 지난 2월 총상을 입은 우리 교구민을 진단해 주었으면 합니다. 그는 지금도 다리에 버팀목을 부착하고 있으며 추측하건대 아직도 엉덩이에 총알이 박혀 있는 것 같습니다. - 1981년 7월 13일 -

***

로터는 생의 마지막 몇 일을 그 사람을 돌보는데 사용했다. 전해지는 바로는 그의 생의 마지막 사역은 부상당한 한 교구민의 엉덩이에서 총알을 제거하고, 다리를 치료하기 위해 그를 소로라로 데리고 간 것이었다.

1981년 7월 28일 새벽 12시 30분경 키가 크고 날렵해 보이는 세 명의 남자들이 복면을 쓰고 교회 안으로 몰래 잠입해 들어왔다. 그들은 로터의 침실이라고 생각했던 곳을 수색했지만 그를 발견하지 못하자 바로 옆 방에서 자고 있던 한 젊은이를 깨웠다. 그 젊은이는 다름 아닌 페드로이었다. 그들은 그에게 로터가 있는 곳을 가르쳐주지 않으면 죽이겠다고 협박했다. 두려움에 사로잡힌 그는 로터가 자고 있는 아래 층 방으로 그들을 인도했다. 그는 스페인어로 그를 불렀다. "신부님, 어떤 사람들이 당신을 찾고 있어요."

페드로는 겁에 질려 위층으로 달아났고 그 사람들은 방으로 들어가 그를 납치하려 했다. 지금 벌어지고 있는 일을 즉

각적으로 감지한 로터는 "여기서 나를 죽여라!" 라고 소리쳤다. 당시 각 교구의 사제들 사이에서는 입에 담기에도 소름이 끼치는 너무나 끔찍한 소문들이 돌고 있었다. 그것은 바로 납치에 관한 소문들이었다. 그들은 납치되어 고문을 받고 살해를 당한 후 길 모퉁이나 산야에 버려지는 것보다는 현장에서 죽는 것이 더 낫다고들 말했다. 그래서 사제들은 위험이 닥치면 현장에서 피살되어 행여라도 교구 사람들이 자기들의 시체를 찾아 이리저리 헤매는 비극적인 일이 일어나지 않기를 바랬다.

몇 가지 타당한 증거들(손등의 피부들은 심하게 찢겨졌으며 침대 옆 벽은 아주 윗부분까지 피 자국이 얼룩져 있었다)은 로터가 침입자들에게 대항하여 치열한 싸움을 벌였음을 입증하고 있다. 그는 도와달라고 소리치지 않았다. 그는 살아 남기 어렵다는 사실을 알았던 것이다. 그의 유일한 희망은 잡혀 가지 않고 그곳에서 죽는 것이었다. 침입자들은 로터를 산 채로 납치하는 것이 어려움을 인식하자, 그의 머리에 두 발의 총을 쏘고 달아나 버렸다. 그 방에는 피로 물든 그의 시체만이 남았다.

수녀원 곳곳에서 자고 있던 수녀들은 총성을 듣고 깨어났다. 얼마 후 그들은 로터의 시체를 발견했다. 그리고 얼마나 충격적인 일이 벌어졌는지 알게 되었다.

교회의 씨앗

"내가 주릴 때에 너희가 먹을 것을 주었고
목마를 때에 마시게 하였고
… 너희가 여기 내 형제 중에
지극히 작은 자 하나에게 한 것이
곧 내게 한 것이니라" (마25:35, 40)

Love in a fearful land

교회의 씨앗

로터는 자기 사람들을 위해 분투하다가 죽임을 당했다. 그의 죽음은 그의 삶만큼이나 정의로웠고, 감상적이지 않았고, 모호하지 않았고 단순했다. 그는 최후의 순간까지 조용한 거인으로 남았었다. 그는 자신의 사람들을 해하려고 침입한 사람들 앞에서 도와달라고 소리치지 않고 육체적, 도덕적 힘을 발휘해 그들과 맞서 싸웠다. 그는 살아 남기 위해 싸운 것이 아니라 자기가 13년 동안 섬겨온 사람들에게 최후까지 고통을 안겨 주지 않으려고 싸웠다. 결국 그의 신실함은 그의 생명을 담보로 삼고 말았다. 그의 편지들은 그가 죽음을 각오하고 있었다는 사실을 말해준다.

디트리히 본훼퍼Dietrich Bonhoeffer는 자신의 생명을 지불해야 할지도 모른다는 사실을 알면서도 그의 형제들과 함께 히틀러의 독재정치에 맞서기 위해 독일로 돌아갔다. 이와 마찬가지로 로터 역시 자기에게 맡겨진 사람들을 신실하게 섬기기 위해 과테말라로 돌아갔다. 본훼퍼가 그랬던 것처럼, 로터는 엄청난 위험이 따를 것이라는 사실을 알면서도 고통 받는 사람들을 홀로 버려두지 않았다. 그가 가장 최악이라고 여겼던 상황은 바로 자신을 필요로 하는 사람들을 유기遺棄해 버리는 일이었다.

그는 자기의 사람들 곁에 머물렀고 그들을 위해 목숨을 버렸다. 그는 결코 섬기려 하기 보다 섬김을 받으려는 죄를 범하지 않기 원했다. 그는 자신에게 맡겨진 사람들을 위해 자신이 가진 재능들을 잘 사용했다. 그의 마지막 편지들 중 하나에서 그는 자기가 가장 좋아하는 성경 구절을 언급했다. 그것은 바로 마지막 심판에 관한 예수님의 말씀이었다. "내가 주릴 때에 너희가 먹을 것을 주었고 목마를 때에 마시게 하였고… 너희가 여기 내 형제 중에 지극히 작은 자 하나에게 한 것이 곧 내게 한 것이니라"(마25:35, 40). 가장 미약한 그리스도의 사람들을 위해 자신의 생명을 내어 준 로터는 이 말씀의 결론을 들을 만한 자격이 있다. "내 아버지께 복 받을 자들이여 나아와 창세로부터 너희를 위하여 예비된 나라를 상속하라"(마25: 34).

모든 진정한 순교자들의 이야기들을 살펴보면, 그들의 죽음은 마지막이 아니라 새로운 출발점이 되었다. 그의 죽음 역시 그러했다. 표면적으로만 볼 때, 그의 죽음은 신실한 섬김

산티아고 아티트란 교회에 있는 로터의 순교 기념비

의 삶을 살다가 이 세상에서의 생명을 끝마친 것이었다. 하지만 그것은 그의 사람들 즉, 그의 이야기를 접한 모든 사람들의 마음 속에 새로운 생명을 태동시켰다. 이것은 그가 죽은 바로 다음 날부터 산티아고 아티트란에서 눈에 띨 만큼 분명히 드러났다. 수 천명의 사람들이 교회로 모여들었다. 그들은 로터의 피를 병에 담아 가지고 와 그리스도의 피를 상징하는 제단 위에 올려 놓았다. 오클라오마에서도 새로운 시작의 바람이 일어났다. 죽음으로써 진정한 헌신의 의미를 일깨워준 로터에게 수 천명의 사람들은 감사의 말과 행동을 표현했다. 로터와 함께 사역을 했던 수녀회에서도 새로운 열기가 일어났다. 그들은 위험한 상황에서도 교회를 떠나지 않고 남아 본연의 사명을 감당하기로 결정했다. 실비아라는 젊은 여성의 마음에서도 새로운 사명이 싹트기 시작했다. 수녀들로부터 로터의 삶과 죽음에 관한 이야기를 들은 그녀는 공동체에 합류해 자신의 삶을 가난한 사람들에게 나눠주기로 결심했다. 이 새로운 출발은 그 밖의 여러 가지 영역에서도 가시화되었다. 지면을 이용해 일일이 다 설명할 수 없을 정도로 말이다.

이처럼 로터가 순교하자 모든 사람들에게 즉각적인 변화가 일어났지만 한 사람만은 예외였다. 그의 새로운 시작은 그가 죽은지 한 달이 지난 후에야 일어났다. 서른 여덟 살의 사제인 그는 파라과이에서 7년 간의 선교사 사역을 마치고 리마에서 고향으로 돌아가던 길이었다. 그는 비행기 안에서 타임지를 폈다. 그러자 그 옛날 자기와 함께 농구를 했던 사람의 기사가 나온 것이 아닌가? 그는 옛 동료가 과테말라에서 피살되었다는 소식과 그로 인해 많은 사람들이 함께 모여 기도했었다는 사실을 알게 되었다. 그 비행기에 타고 있던 사제는 바로 존 베시였다. 그리고 그 시점부터 그에게 새로운 이야기가 펼쳐지기 시작했다.

두려움을 이긴 사랑

새로운 우정

나는 1972년 여름 볼리비아 코차밤바에 있는 마리아 언어학교에서 그를 만났다. 존은 브루클린 대교구에서 협력 사제로 사역한 후, 새로운 교구에서 히스페닉 사람들을 섬기는 사역을 준비하기 위해 막 그곳에 도착했다. 2년 후 존은 파라과이의 코로넬 오바이도Coronel Oviedo에 있는 산 페드로San pedro 교구의 사제로 임명을 받았다. 그 교구는 브루클린 대교구에 의해 개척된 곳이었다.

당시 나는 예일 대학 신학부에서 일 년 동안의 교수생활을 하고 라틴 아메리카 교회들에 대한 공부를 심도 있게 해 볼 계획을 갖고 있었다. 그러기 위해서 내가 사전에 필수적으로 공부해야 할 것은 바로 스페인어였다. 그것은 존에게도 마찬가지였다. 1972년 여름 동안 우리는 함께 많은 시간을 보냈다. 우리는 또한 각기 다른 시기에 똑 같은 병원에 입원하기도 했다. 우리는 그곳에서도 만남을 가졌다. 존은 간염으로 입원을 했고 나는 그의 병문안을 갔다. 이후 나는 허리에 디스크 증세가 있어 견인치료를 받기 위해 입원을 했고 그는 나의 병문안을 왔었다.

나는 내가 그에게 좋은 영향을 받고 있다는 사실을 인식했다. 그의 미소는 전염성이 강했고, 그의 모습은 항상 활기찼다. 내 마음 속에는 그를 더 많이 알고 싶다는 열정이 생겼다. 그는 복음에 강한 애착을 가진 사람, 전혀 다른 환경에 있는 사람들에게 깊은 애정을 발산하는 사람, 배움에 대한 놀라운 열심을 가진 사람으로 비춰졌다. 그의 주변에는 항상 교구민들이 보내온 편지들이 쌓여있었고 읽으려고 준비해둔 책들이 널려있었다.

기도는 그의 삶에 생명력을 불어 넣어준 근원이었다. 그것은 그의 다양한 관심들과 일들을 하나로 조화롭게 통합시켜 주었다.

비록 그는 늘 내게 한 수 가르쳐 달라고 부탁했지만, 오히려 그는 처음부터 내게 많은 것들을 가르치고 있었다. 존은 예수 그리스도를 향한 깊은 사랑을 솔직하고 담백하게 표현했고 그것은 내게 대단한 감동을 주었다. 나는 오랫동안 신학교와 대학교에서 가르치는 일만 해와서 인지 우유부단한 면이 많았고 심지어는 수줍어하는 면까지 있었다. 하지만 존은 내가 먼저 표현하기 전에 자기가 먼저 표현함으로써 나의 부족한 자발성 때문에 둘 사이가 어색해지는 것을 차단했다. 존의 모습은 가식적이거나 감상적인 것과는 거리가 멀었다. 그는 어린아이와 같이 순수하고 단순하게 자신의 믿음을 표현했고 그것은 계속해서 포장된 내 모습을 조금씩 벗겨주었다. 내가 염려스러워 보이거나, 긴장해 보이거나, 과민해 보이면 그는 항상 크게 웃기 시작했다. 그는 결코 내가 우울하거나 감상적인 상태로 있을 기회를 주지 않았다. 그는 오랜 대화 도중 나에게 "당신은 당신이 생각하는 것보다 훨씬 더 강합니다." "당신은 당신이 안다고 생각하는 것보다 더 많이 알고 있습니다." "당신은 당신이 했다고 생각하는 일보다 더 많은 일을 했습니다." 라고 말해주었다.

존은 진실한 마음으로 주변 사람들을 사랑함으로써 스스로를 성숙시켜 갔던 사람의 좋은 본보기였다. 그는 그들로부터 최선의 모습을 찾아내려고 했다. 이것은 정말 훌륭한 사제의 모습이었다. 그는 사람들로 하여금 그들이 얼마나 가치 있는 존재들인지 발견하게 해주었다. 그가 보았을 때뿐 아니라 하나님께서 보셨을 때에도 말이다.

코차밤바에서의 시간이 지난 후에도 우리는 계속해서 연락을 하면서 지냈다. 우리는 가끔씩 서신을 주고 받기도 했고, 여건이 될 때면 서로를 방문하기도 했다. 하지만 서로의 생활 환경이 너무도 달랐기 때문에, 다시 말해 그는 과테말라 교구에서 사제로 사역하고 있었고 나는 대학에서 학생들을 가르치고 있었기 때문에 시간이 지날수록 우리의 우정은 소중한 추억으로 쌓여갔다. 하지만 1976년 리차드 알란 화이트 Richard Alan White 는 우리를 다시 파라과이에서 만나게 해 주었다. 그는 나의 친구이자 존의 친구이기도 했다. 존과 나는 같은 시기에 휴가를 얻어 만날 수 있게 되었다. 우리는 재회를 통해 서로의 우정을 다시 한 번 확인할 수 있었다. 나는 존이 지금 라틴 아메리카의 정치적 기류와 변화를 예의 주시하고 있다는 사실을 알게 되었다. 우리의 친구 리차드는 최근 종교적 배경 때문에 벌어지고 있는 사건들을 누구보다 잘 분석할 줄 아는 사람이었다. 그는 존이 직면하고 있는 현실을 예리한 분석을 통해 설명해 주었다. 이 새롭고 통찰력 있는 설명은 존이 지금까지 정치적으로 매우 무지해 있었다는 사실을 그에게 각성시켜 주었다. 동시에 이것은 그로 하여금 위험이 증가하고 있는 상황 한 가운데서도 목자적 사명을 더 잘 감당해야겠다는 헌신의 마음을 불러 일으키기도 했다.

 이 세상에서 하나님의 말씀의 능력이 계속해서 재창조되고 있다는 존의 확신은 나의 영성을 풍부하게 하는 원천이 되었다. 그는 신학적 이론가가 아니었음에도 불구하고, 신뢰할 만한 것은 무엇이고 그렇지 않은 것은 무엇인지, 진지하게 받

트주투힐 사람들에게 말씀을 전하는 존 베시 선교사

아들여야 할 것은 무엇이고 그렇지 않은 것은 무엇인지, 순종할 만한 가치가 있는 것은 무엇이고 그렇지 않은 것은 무엇인지 초자연적인 감각을 통해 이해하고 있었다. 그는 그런 능력들을 점점 더 개발하고 있었다. 그는 영적 민감성을 개발함으로써 복잡하다 못해 모호하기까지 한 정치적, 사회, 경제적 맥락들 속에서 중요한 것들과 중요하지 않은 것들을 지혜롭게 분별해 내고 있었다. 그것은 아무에게나 주어지는 능력이 아니었다. 이 세상에서 교회가 어떤 위치에 놓여 있어야 하는가라는 질문을 놓고 많은 사람들이 다양한 의견을 제시하는 상황에서 존이 내린 영적 판단은 내게 엄청난 소망과 용기와 자신감을 불어 넣어 주었다.

존의 탁월한 영성 중 하나는 바로 성인들을 향한 지극한 사랑이었다. 그는 기독교 신앙을 성장시키고 촉진시키는데 중심적인 역할을 했던 위대한 성인들과 가까이 하는 것을 항상 중요하게 생각했다. 그는 그들을 친족의 일원 정도로 생각했다. 즉 그는 그들에게 규칙적인 관심을 기울이고 심지어 그들을 정기적으로 방문하기까지 했다. 그래서 1981년 그의 주교 프란시스 무가베로Francis J. Mugavero가 파라과이에 있는 그를 다시 부르클린으로 불렀을 때, 그는 리마의 장미라 불리는 마틴 드 포레스Martin de Porres와 후한 마시아스Juan Massias와 같은 라틴 아메리카의 위대한 성인들의 무덤에서 기도하기 전에는 이곳을 떠날 수 없다고 말하기까지 했다. 그는 그들의 생명력과 자신의 생명력이 서로 만나기를 원했다. 그럼으로써 앞으로 어떤 길을 걸어가든 지난 10년 가까이 섬겨온 라틴 아메리카 사람들을 계속해서 섬기겠다는 다짐을 하기 원했다. 부르클린으로 돌아오는 비행기 안에서 그의 생명력은 로터의 생명력과 만났다. 그는 로터의 순교 내용이 실린 기사를 보자마자 그것이 자기가 앞으로 걸어가야 할 길과 어떤 관계가 있음을 인식했다. 비록 존은 3년이 지난 후에야 그의 죽음에 관한 모든 진실을 알게 되었지만, 이 당시에도 그에 대한 생각은 존의 마음과 생각속에서 지워지지 않았다. 존에게 있어 로터는 신학생 시절, 그저 조금 알고 지낸 친구에 불과했다. 그래서 존은 오랜 세월 동안 그를 잊고 지냈었다. 그랬던 로터가 지금은 어떤 새로운 힘을 통해 존의 삶 속으로 다시 들어와 머물기 시작하게 된 것이었다. 존은 그가 자신의 삶 한 가운데로 들어오게 된 것을 이렇게 말했다.

***

내가 비행기에서 오래 전 발행된 타임지를 펼쳐 그의 죽음에 관한 기사를 읽었을 때, 가장 먼저 떠오른 생각은 이것이었습니다. "나는 지금 건강하고, 안전하게 고향으로 돌아가고 있는데 로터는 죽었구나." 나는 생의 처음으로 살아 남은 자가 느끼는 죄책감이 무엇인지 이해하게 되었습니다. "왜 나는 살아 남아 있는가? 왜 나는?" 이것은 대단히 고통스러운 감정이었습니다. 리마에 있는 마틴 드 포레스와 후한 마시아스의 무덤 앞에서 저는 로터와 그의 가족들을 생각하면서 기도했습니다.

"주님, 만약 당신께서 저를 그의 자리로 보내기 원하신다면, 저는 기꺼이 그렇게 하겠습니다."

***

리마를 떠나오자 마자 존은 콜롬비아 보고타에서 열릴 예정인 선교 대회에 참석해 달라는 요청을 받았다. 그곳에서 존은 과테말라에서 사역해 온 프란시스 키아른Frances Kearns 수녀를 만났다. 존은 로터의 삶과 죽음이 산티아고 아티트란 사람들에게 얼마나 큰 영향을 주었는지 그녀를 통해 듣게 되었다. 또한 그곳 사람들은 지금도 로터가 천국에서 자기들을 위해 기도하고 있고 자기들의 복지에 관심을 갖고 있다고 믿는다는 이야기를 들었다. 존은 산티아고 아티트란 사람들과 그들의 죽은 사제가 영적으로 얼마나 끈끈하게 결속되어 있는지 깨닫게 되었다.

교회와 함께 느끼라

부르클린으로 돌아온 존은 영적 분별력을 발휘해야 했다. 그는 하나님께서 자기를 어떤 곳으로 부르시는지 조금씩 민감하게 알아가야 했다. 그의 첫 번째 관심사는 자신의 건강이었다. 로터와는 달리 존은 건강상의 문제로 고통을 당하고 있었다. 그는 간염을 앓고 있었을 뿐 아니라 최근에는 신장 결석이라는 질병까지 얻었다. 이러한 정황만으로 판단할 때 그는 선교사로 자원하기에 적합한 사람이 아닌 듯 보이지만 그의 강한 확신과 단단한 의지는 그러한 문제를 충분히 이기게 했다. 그는 건강상의 문제를 극복하고 있었을 뿐 아니라, 대학에서 신학 공부를 하기도 했고, 뉴욕에 있는 시라큐스 대학에서 30일간의 연수를 받기도 했다. 당시 그는 엘살바도르에서 4명의 미국인 교회 여성들이 암살을 당한 사건의 여파로 그와 관련된 일을 맡아서 하기도 했다.

1980년 12월 그러니까 로메로 대주교가 엘살바도르에서 암살을 당한지 9개월 후 이타 포드, 마우라 클라키, 진 도노반, 도로시 카젤이 공항 부근에서 엘살바도르 안전 안보군에게 납치되는 사건이 일어났다. 군인들은 그들을 강간하고 고문한 후 결국에는 살해하고 말았다. 참혹하게 상한 그들의 시체는 얕은 개울가 근처 공동묘지에 버려졌다. 이타의 시체는 부르클린으로, 마우라의 시체는 퀸스로 이송되었다. 두 명 모두 존의 교구인, 뉴욕 부르클린 출신 수녀들이었다. 그녀들의 삶과 사역에 관한 이야기를 듣고 존은 그녀들의 모범을 소중한 기록으로 남겨야겠다는 생각과 함께 그녀들의 순교의 참된 의미가 교회에 의해 알려져야 하고 기념되어야 한다는 생각을 하게 되었다. 존은 이 네 여성의 이야기를 전할 때마다 마음 속에서 특별한 에너지가 샘솟는 듯한 감정을 느꼈다.

***

선교사들이 살해당했고 그 중 두 명은 제 교구 출신이었습니다. 저는 선교사입니다. 저는 항상 성인들의 모범에 대해 들어왔고, 그리스도인의 삶과 죽음 사이의 연합에 대해 배웠습니다. 우리가 어떻게 교회를 위해 자신의 생명을 바친 이 여성들을 잊을 수 있겠습니까? 바로 교회가 그들을 그곳으로 보내지 않았습니까? 그들의 죽음은 이 사역을 계속해서 진행하라고 하는 우리를 향한 부름이 아닙니까? 그들은 그들의 믿음 때문에 죽임을 당했

이타 포드(Ita Ford) 수녀, 마우라 클라키(Maura Clarke) 수녀,
도로시 기젤(Dorothy Kazel) 수녀,
그리고 평신도 사역자 진 도노반(Jean Donovan).

습니다. 그들은 복음을 진지하게 대했습니다. 그들은 가난한 사람들을 도와주었고, 굶주린 사람들에게 먹을 것을 구해 주었고, 병든 사람들에게 약을 가져다 주었습니다. 그들은 집 없는 사람들과 의지할 곳이 없는 사람들을 돌보아 주었습니다. 우리 교회는 마치 그들이 우리에게 성가신 사람들인 양, 그들을 부끄러워하고 그들로부터 멀리 떨어져 있으려고 할 때가 많았습니다. 그리스도인 사이에는 강한 연합이 있어야 합니다. 특별히 선교사들 사이에는 더 강한 연합이 있어야 합니다. 우리는 순교자들을 영예롭게 생각해야 합니다. 그리고 교회를 위한 희망의 상징으로 그들의 위상을 높여 주어야 합니다. 왜냐하면 그들은 하나님의 사랑이 현재에도 유효하다는 사실을 상기시켜 주는 사람들이기 때문입니다.

***

존은 이 북미의 순교자들로 인해 자기가 가야 할 새로운 길을 발견했다. 그는 전 미국 국무장관 알렉산더 헤이그Alexander Haig와 UN대사 진 커크패트릭Kirkpatrick이 그녀들을 반동분자로 증언하는 것을 듣고는 거룩한 분노심을 느꼈다. 그는 이렇게 말했다.

***

많은 교회 사람들은 그들의 죽음이 명백한 순교였는지 의심하기 시작했습니다. 왜냐하면 미국 정부를 공식적으로 대표하는 사람들이 선교사들이 순교하자 그들의 명예를 더럽히려 했기 때문입니다. 그들은 순교자들을 중상 모략하고 평가절하했습니다. 최근 교회 안에서 일어난 순교의 사건들 또한 이렇게 치부되고 있습니다. 그들의 적대자들은 그들의 명성을 파괴하고 그들의 이름을 더럽히려 하고 있습니다. 많은 교회들 역시 미국 정부와 매우 비슷한 행동을 취하고 있습니다. 그들은 그들의 외교 정책을 홍보하고 그것의 정당성을 확인시키기 위해 그들의 죽음을 공산주의에 대한 영웅적인 투쟁으로 격하시켰습니다. 그들은 순교한 여성들을 자기들의 믿음을 피로써 증거한 사람들이 아닌, "순진한 사람들", "정치 활동가들" 정도로 생각하고 있습니다.

***

존은 이 네 여성들의 삶과 순교에 대해 연구하면 할수록 그들의 이야기의 진실을 이 세상에 제대로 알리는 것이 얼마나 중요한 일인지를 더 많이 인식하게 되었다. 그는 그들을 교회 공동체의 신앙을 강화시켜준 이 시대의 성인들로 인정해 달라고 탄원했다. 그는 우선, 자기 교구 수녀회에 이것을 요구했다. 이후 자기 교구 사제회와 많은 종교 공동체들에게도 이것을 요구했다. 그는 이 일을 위해 열심히 뛰어다녔다. 그는 이렇게 말했다.

***

교회 여성들의 죽음을 공식적으로 조사해 달라고 의회에 요청을 해봅시다. 그래서 진실을 밝혀내고 우리를 붙들고 있는 선입견으로부터 자유롭게 됩시다. 그들을 중상모략하고 격하시키는 세력들과 싸웁시다. 그리고 좀 더 가까이 그들의 삶과 죽음을 들여다 봅시다. 그러면 그들이 얼마나 전심으로 복음에 헌신했는지 알게 될 것입니다. 그리고 그들의 가치를 제대로 인정해 주지 않았고, 교회에서의 위상을 적절하게 부여하지 않았던 우리의 죄를 고백하게 될 것입니다. 왜 우리는 그리스도의 이름으로 선교지로 파송되어 죽음을 당한 이 여성들을 순교자로 여기는데 우려를 품고 있는 것입니까? 만약 우리가 순교자들의 업적을 신실하게 평가하지 않는다면 과연 하나님께서 우리를 축복하시겠습니까? 만약 우리가 주저하면서 이들을 믿음과 용기의 모범을 보인 사람들로 인정하지 않으려한다면 과연 우리가 젊은이들을 제대로 격려할 수 있겠습니까? 과연 누가 겁이 많은 교회, 신뢰가 상실된 교회의 일원이 되고 싶겠습니까?

***

부르클린에 있는 동안 존은 이 여성들의 죽음을 철저히 조사해 달라고 의회에 탄원서를 제출하는 모임에 동참했다. 그는 이것을 단순히 정치적 행위로 생각하지 않았다. 그는 이것을 얼마나 많은 형제들과 자매들이 엘살바도르에서 가난한 사람들에게 헌신하고, 그리스도를 위해 분투하고 있는지를 미국의 그리스도인들에게 알리는 방편으로 생각했다. 그는 의회에 조사를 요청하는 것을 기독교인들로 하여금 중미 지역에서 헌신하고 있는 형제들과 자매들을 향한 책임감을 느끼게 할 수 있는 최선의 방법이라 느꼈다. 존은 로메로 주교가 주창했던 "교회와 함께 느끼라"라는 모토를 실천하기 위해 노력했다. 특별히 가난한 사람들의 교회, 압제 당하는 사람들의 교회와 함께 느끼기 위해서 말이다.

이 한 해 동안 미국의 많은 기독교인들은 다른 모든 종류의 이슈들에만 관심을 기울였지 복음에는 아무런 관심도 기울이지 않는 사람들처럼 보였다. 존은 이 점을 매우 우려했다. 그들은 복음에 대한 관심을 접고 평화의 문제, 제3세계의 문제, 여성 문제, 핵 문제들에만 관심을 집중시키고 있었다. 그는 수 없이 많은 논쟁과 토론과 정치적 공약을 목격했다. 하지만 하나님의 백성들이라는 존재 인식, 예수님의 제자들이라는 연합 의식은 발견하지 못했다.

미국의 기독교인들은 국가적 영역으로서만 자기들의 정체성을 확인하려 했지, 믿음의 공동체라는 의식을 가지고, 살아계신 그리스도의 사랑을 가지고 서로를 포용하려 들지 않았다. 엘살바도르에서 네 명의 여성이 자신의 생명을 바친 것은 어떤 다른 원인이나 동기 때문이 아니었다. 그것은 바로 그들이 맡은 사람들 때문이었다. 그들은 사람들의 얼굴에서 고통스러워 하시는 하나님의 얼굴을 발견했던 것이다. 로메로 주교는 그들에게 정치적 문제 내지는 경제적 문제를 해결하라고 주문하지 않았다. 그는 단순히 엘살바도르의 의지할 곳 없는 사람들과 함께 생활해 줄 것을 주문했다. 그는 엘살바도르의 가난한 사람들이 한 가지 분명한 사실을 보고 이해하기를 원했다. 그것은 바로 다른 나라에서 온 기독교인들이 자기들을 돌보아 주고 자기들을 위해 기도해 주고, 자기들에게 음식과 안식처와 의약품들을 주고 있다는 사실이다. 이 여성들은 바로 이 사람들을 위해 그들의 생명을 준 것이었다. 존은 북미의 많은 사람들이 그들의 죽음의 의미를 새롭게 이해하고 그것을 통해 삶에서 아름다운 열매를 거두기를 소망했다.

고향으로 돌아와 몇 달을 보내는 동안 존은 로터를 잊지 못했다. 하지만 아직까지 자기를 과테말라로 파송해 달라는 요구를 하지는 않았다. 우선 그는 단순히 로터가 생활했고 죽었던 장소를 찾아가 둘러보기를 원했다. 1982년 7월 존은 중미 지역의 상황을 더 자세히 공부하기 위해 비행기를 타고 멕시코시티와 큐어네바카Cuemevaca로 갔다. 나의 친구이자 존의 친구이기도 했던 리차드 알란 화이트는 당시 유명한 라틴 아메리카 학자가 되어 있었다. 그는 주로 큐어네바카에서 생활했다. 라차드는 이 기간 동안 존의 후원자이자 안내자 역할을 해 주었다. 리차드는 존을 데리고 산티아고 아티트란으로 여행을 떠났다. 처음으로 그곳를 방문한 존은 로터에 대한 기억이 생생하게 떠올라 감정이 북받쳐 올랐다. 그곳에서 계속 사역을 하고 있던 수녀들은 여전히 로터를 자기들의 신부님으로 기억하고 있었다. 그리고 주저 없이 그를 성인이라고 부르고 있었다.

이 마을의 지도자들은 이렇게 말했다. "그는 순교자였습니다" 화해의 성찬식을 집례하기 위해 그곳에 와있던 주교 또한 이렇게 선언했다.

"그는 자신의 믿음 때문에 죽임을 당했습니다." 존은 이곳 사람들이 그의 자리를 메워 줄 누군가를 간절히 기다리고 있다는 사실을 곧 깨달았다. 그들은 로터의 후임자를 위해 열렬히 기도하고 있었던 것이다.

산티아고 아티트란으로

1982년 무가베로 주교는 부르클린, 레드훅 지역 교구들 중 한 교구의 심방 사제로 존을 임명했다. 그는 1984년 7월까지 그곳에서 사역을 했다. 언젠가 나는 나의 친구 제프 머킬Jeff Merkel과 함께 존을 방문한적이 있다. 우리는 그와 함께 레드훅 지역의 거리를 산책했다. 나는 성직자복을 입고 산책을 나가자던 존의 제안이 나쁘지 않았음을 금방 알 수 있었다. 그것은 안전한 기분을 느끼게 해주었다.

우리는 오토바이 족들과 대화를 나누고, 히스패닉계 십대들과 이야기를 하고, 매우 위험하기로 정평이 나있는 복잡한 뒷골목을 통과해야 했다. 우리는 계속 걷다가 마약 밀거래 장소로 유명한 작은 공원까지 이르게 되었다.

존은 이곳에서 자신의 사역에 대한 이야기를 해주었다.

***

저는 이 세상에 버릴 것은 아무것도 없다고 생각합니다. 이곳에서의 시간들은 매우 힘들지만 제게 많은 도전을 주고 있습니다. 확실히 말하건대, 저는 실제적인 문제들을 보기 위해 굳이 라틴 아메리카로 갈 필요가 없었습니다. "심방 사역"을 하다 보면 그 모든 문제들을 목격할 수 있습니다. 그들은 좋은 사람들입니다. 그들은 매우 좋은 사람들입니다. 그들 중 65%는 흑인들이고, 20%는 히스페닉계 사람들입니다. 또한 50%는 극빈자로 살아가고 있습니다. 그들은 많은 것들을 필요로 하고 있으며, 많은 고통을 당하고 있습니다. 더 많은 사제들이 그들을 위해 일해야 합니다. 이것은 힘든 사역입니다. 하지만 진정한 선교 사역입니다. 이것은 저를 성장시켜주었습니다. 저는 이 사역을 사랑합니다.

***

비록 존은 심방 사역을 하면서 행복을 느꼈고, 거기에서 얻은 교훈에 감사하고 있었지만, 다시 남쪽으로 돌아가야 한다는 생각을 마음에서 내려 놓지 않았다. 왜냐하면 파라과이에서의 사역은 그로 하여금 부르클린에서의 사역과는 또 다른 굶주림과 목마름을 느끼게 했기 때문이다. 또한 그는 여전히, 엘살바도르에서 순교한 여성들을 위한 일에 매진하고 있었다. 그는 이타 포드의 어머니와 그녀의 오빠인 빌과 친밀한 관계를 맺고 있었다. 그는 포드 여사와 나눈 많은 대화들을 사람들에게 전달하고 중미 지역 교회에 관한 기사를 교구 신문에 연재함으로써 엘살바도르에서 죽은 수녀들이 진정한 순교자들이었음을 사람들에게 인식시켰다. 이 기간 동안 산티아고로 가 로터의 후임자가 되겠다는 그의 열망은 더 강해졌고 깊어졌다. 막연한 희망으로 시작된 그의 마음은 굳은 갈망으로 발전하고 있었다.

마침내 그는 오클라오마의 대주교 찰스 사랫카에게 자신을 로터의 후임자로 고려해 줄 것을 요청하는 편지를 보냈다. 사랫카 대주교는 답신에서 존과 메로토 주교를 고려하고는 있지만 지금 산티아고에 후임 사제를 파송하는 것은 너무 위험한 일이라고 전했다. 하지만 존은 그 답신을 보고 실망하지 않았다. 그는 적당한 시기가 올 것이며 그 때까지 기다리겠다고 내게 말했다. 왜냐하면, 그는 공식적인 교회의 파송 형식이 아니라, 독자적인 사역 형식으로 중미를 방문하는 것은 어리석은 일이라고 생각했기 때문이다. 단순히 그곳을 방문하려는 것이 아니었다. 그곳 사람들과 함께 생활하면서 그들을 위해 헌신하기를 간절히 원했다. 그래서 그는 정확한 위계질서와 절차를 통해 충분한 승인과 지원과 공감을 얻은 후 사역지로 가야 한다고 생각했다. 그는 진정한 의미를 부여 받고 파송되기를 원했다. 즉 자기가 속한 공동체와 그 지도자들의 완전한 축복을 받고 파송되기를 원했다. 그렇지 않으면 자기의 사역은 아름다운 열매를 거둘 수 없을 것이라고 생각했다. 그는 오스카 로메로 대주교, 미국인 교회 여성들, 스탠 로터 신부가 순교할 수 있었던 근원적인 이유는 바로 그들이 교회의 가르침에 순종했기 때문이라고 생각했다. 그는 그들의 발자취를 따르기 원했다. 그는 영적 공동체인 교회를 떠나서 독자적으로 행동하는 것을 절대 원하지 않았다. 어쨌든 그는 반드시 그곳으로 가야 할 필요성을 느끼고 있었다. 바로 교회로부터 파송되는 형식으로 말이다.

1984년 2월 존은 사랫카 대주교에게 다시 편지를 썼다. 왜냐하면 그는 오랫동안 아무런 대답을 듣지 못했기 때문이다. 부활절 즈음 대주교는 그를 오클라오마로 초대했다. 바로 산티아고 아티트란 담당 사제 임명 문제를 놓고 그와 의논하기 위해서였다. 그 만남 이후 일은 하나하나 빠르게 진행되어갔다. 5월이 되자 존은 비행기를 타고 오클라오마로 가 자기가 속한 교구회 관계자들과 면접을 했다. 그는 당시의 경험을 이렇게 말했다.

***

그들의 질문들은 하나 같이 신랄했습니다. 그 중에서도 가장 대답하기 어려웠던 질문은 이것이었습니다. "순교자의 후임으로 파송된다는 것을 어떻게 느끼고 있습니까?" 이 질문은 순간적으로 저를 주춤하게 만들었습니다. 나는 정말 그곳으로 갈 준비가 되어 있는가? 너무 자신만만해 하고 있는 것은 아닐까? 혹시 나는 로터의 후임자로 적합한 사람이 아니지 않을까? 갑자기 회의적이 생각이 밀려들기 시작했습니다. 결국 저는 그들에게 더 기도를 해 보고 결정할 수 있도록 약간의 시간을 달라고 부탁했습니다.

***

하지만 존의 망설임은 오래가지 않았다. 집으로 돌아온 몇 일 후 그는 선교지로 갈 준비가 되었다고 대주교 사랫카에게 편지를 썼다. 툴사시와 오클라오마시의 사제 주간 중인 7월 5일 존은 사제들 앞에서 연설을 했다. 그는 주로 로터에 대한 이야기를 했다. 그는 사제들에게 로터를 그들의 귀감으로 삼으라고 권고했다. 또한 그가 성인이 될 수 있도록 힘써 달라고 당부했다. "우리 교구 사제들은 역사의식을 상실해가고 있습니다" 그는 이렇게 말했다. "만약 예수회가 로터를 위대한 사제로 인정해 주었더라면 아마도 지금쯤 그에 관한 책이 20권도 넘게 쓰여졌을 것입니다. 우리는 그를 기억해야 합니다. 우리는 우리의 형제들 중 한 형제가 자기가 맡은 사람들을 위해 자기의 목숨을 버린 것을 자랑스럽게 생각해야 합니다. 그는 우리 주 예수님의 모범을 따랐던 사람입니다."

사제들 앞에서 연설을 마치자 이전에 품었던 존의 회의들은 모두 날아가 버렸다. 이제 그는 분명히 알게 되었다. 파라과이에서 사역했던 것, 고향으로 돌아오던 중 로터의 죽음에 관한 기사를 읽었던 것, 순교한 교회 여성들을 위해 일했던 것, 레드훅 지역에서 가난한 사람들을 위해 봉사했던 것은 모두 아무런 관련 없이 진행된 일들이 아니었다. 이 모든 것들은 존에게 새로운 사역을 준비시키기 위한 하나님의 인도였던 것이다.

그럼에도 불구하고 아직까지 한 가지 우려되는 점이 남아 있었다. 존이 로터의 후임자가 된다는 것은 그가 순교를 했을 만큼 위험한 장소로 가야 한다는 것을 의미했다. 존의 친구들과 가족들과 동료들은 그의 신변을 우려했다. 그러자 존은 몇 시간 동안 기도하기 시작했다. 그는 자기가 깊이 확신하고 있는 바를 다시 한 번 더 살펴보았다. 죽음의 위험이 도사리고 있다는 사실을 알면서도 그 상황 속으로 떠어 드는 것은 간접적인 자살행위나 마찬가지였다. 만약 그가 무의식적으로 죽음을 바라고 있다거나, 순교자 콤플렉스를 가지고 있어서 위험한 선교지를 택했다면 그것은 잘못된 것이다.

하지만 결국 그는 이 어려운 질문들에 대해 매우 단순한 해답을 얻었다. 존은 자기가 과테말라 선교사로 사역했던 것은 로터와의 심오한 접촉점을 얻기 위한 기본적인 과정이었다고 확신했다. 그리고 로터의 사역을 계승하는 것은 교회의 가장 기본적인 가르침에 순종하는 것이라고 확신했다.

존을 산티아고 아티트란의 선교사로 파송하는 공식적인 의식이 열렸다. 그의 마음 속에는 엄청난 기쁨과 평화의 감정이 일었다. 또한 충실히 소명을 따르려는 진지한 감정이 밀려왔다. 그는 지금 이 순간까지 인도해 주신 하나님께 감사하면서 모든 상황들을 만족스러워했다. 그는 한시라도 빨리 트주투힐 인디안들에게로 달려가고 싶은 감정을 느꼈다.

1981년 7월 28일 이후 아프라스(성인)의 사역을 계승할 새로운 사제를 보내달라고 기도해 왔던 그들에게로 말이다.

7월 25일 야고보 사도의 축제일에 존은 산티아고 아티트란에서 새로운 사역을 시작했다. 그것은 로터가 죽은 날로부터 거의 3년이 지나서였다.

기도로의 부름

기도는 이 세상이 두려움을 통해
질식시키려 하는 사람들이 내쉴 수 있는 거룩한 호흡이다.
기도는 살아 있는 사람들의 순교이다.

Love in a fearful land

기도로의 부름

존이 로터의 사역을 계승하기 위해 과테말라로 가야 할 것이라고 내게 말한 순간부터 나는 그가 사역을 시작하는 단계가 되면 그와 함께 있어 주어야 하지 않겠는가 라는 생각을 했었다. 지난 수년 동안 우리의 우정은 돈독해졌다. 존과의 교제가 잦아질수록 나는 그가 내게 있어 수혜자가 아닌 제공자라는 사실을 알게 되었다. 산티아고로 떠나는 그 순간까지 그는 나의 맨토가 되어주었다. 그는 나의 눈을 예수님께 고정시켜 주었으며 내가 거칠고 힘든 믿음의 길을 계속해서 걸어갈 수 있도록 내게 강한 도전을 주었다. 그와의 우정은 항상 나의 영적 여정 한 가운데 위치해 있었다.

하나님께서는 내게 많은 친구들을 주셨고 그들은 각각 나의 생각과 감정과 말과 행동에 중요한 영향을 미쳤다. 어떤 친구들과의 우정은 내게 긴장과 고통과 불안을 주었고, 어떤 친구들과의 우정은 내게 고요함과 성실함과 온유함을 주었다. 1972년 이후 존과 나는 자주 만나보지는 못했지만 그는 줄곧 내게 좋은 친구가 되어 주었다. 존의 비전을 알게 된 후부터, 나는 그와의 우정이 분명 나의 사제적 소명과 중요한 관계가 있다는 사실을 깨닫게 되었다. 나의 기쁨과 슬픔을 그와 더 많이 나누었고 내가 씨름하는 바를 그에게 더 많이 보여주기 시작했다. 존은 언제나 나를 기다려주는 친구, 중요한 순간에 나와 함께 있어주는 친구였다. 나는 존이 내게 그런 사람이 되고 있다는 사실을 알게 되었다. 존은 내게 라틴 아메리카로 가자고 강력하게 권유했다. 하지만 나는 라틴 아메리카로 가는 것이 내가 궁극적으로 지향하는 바는 아니라고 생각했다. 더구나 가까운 미래에 가는 것은 더더욱 아니라고 생각했다. 그는 나의 생각을 존중해 주었다. 또한 내가 이 모든 정황들을 긍정적, 희망적으로 받아들일 수 있도록 도와주었다. 하지만 결과적으로, 하나님의 뜻을 향한 존의 끊임없는 갈망과 나의 갈망은 서로 접촉점을 찾아가고 있었다. 존이 과테말라로 가겠다는 결심을 했을 때 나는 그의 결심이 언젠가는 내 인생의 중요한 영향을 미치게 될 것이라고 생각했다.

브루클린에 있는 동안 존은 자주 그리스도인의 삶의 중심에는 기도가 있어야 한다고 말했다. 평범한 사람들이 기도의 삶을 강조했다면 그것은 다소 감상적이거나 현실 도피적인 말로 들렸을 수도 있다. 하지만 오랜 기간 동안 라틴 아메리카의 가난한 사람들을 위해 헌신하고 씨름해 온 사람의 말에는 어떤 권위가 느껴졌다. 그는 기도의 삶이 어떤 삶인지 잘 알고 있었고 바로 그것을 언급했다. 기도는 압제 당하는 사람들의 쓰라린 현실들로부터 도피하는 행위가 아니다. 그것은 오히려 정반대의 행위이다. 기도는 하나님의 마음과 이 세상의 모든 마음 안으로 들어가는 길이다. 기도는 분명 고난 당하신 예수 그리스도와 연합하는 것이다. 기도하는 사람들은 고난 당하신 예수 그리스도와 함께 이 세상을 사랑으로 창조하셨고, 이 세상이 다시 그 사랑으로 돌아가는 것을 보고 싶어하시는 하나님께 마음을 토해 놓는다. 존은 이것을 너무도 잘 알고 있었다. 가난하고, 집이 없고, 굶주리고, 고뇌에 찬 사람들은 아무 희망도 없이 이 세상이라는 공간에 뿌려진 개인이 아니다. 그들은 그들의 구원을 위해 일하시고, 눈물을 흘리시면서 그들이 집으로 돌아오기만을 기다리시는 하늘 아버지의 친밀한 사랑을 받는 남성이요, 여성이요, 어린이들이나. 그는 이것을 너무도 잘 알고 있었다.

기도는 기도자의 마음을 하나님의 눈물이 있는 장소로, 하나님의 자녀들의 눈물이 있는 장소로 가져다 놓는 행위이다. 기도할 때 그 눈물들은 하나로 모일 수 있고 희망의 눈물들로 승화될 수 있다.

이것은 존의 생각이지만 나의 생각이기도 하다. 나는 기도에 대해 실제적으로 깨달은 바들을 이야기하고 있는 것이다. 내게 아낌 없는 우정을 베풀어 준 존과 내게 당신의 생명을 불어 넣어주신 하나님께서는 나로 하여금 이러한 글을 쓰게 했다.

나는 존과 그의 사람들과 함께 기도하기 위해 산티아고 아티트란으로 가야 했다. 그곳에서 나는 언어를 배우고, 사람들과 사귀고, 예술을 감상하고, 또 다른 문화들을 접하기 위해 많은 장소들을 방문했다. 하지만 나는 결코 기도하기 어려울 만큼 먼 곳까지 가지는 않았다. 왜냐하면 내가 기도하는 것은 존이 나를 초대한 이유였기 때문이다. 존은 나와의 전화 통화에서 이렇게 말했다. "기도하기 위해 이곳을 방문해 주십시오." 기도하는 것이 내가 그곳을 방문해야 하는 유일한 이유였다.

피터 웨스켈과 나는 그곳에 도착하자마자 존이 우리를 초대한 이유를 확실히 이해할 수 있었다. 존은 눈을 감고 손을 무릎 위에 포갠 체, 한 쪽 구석에 조용히 앉아 기도하는 사람이 아니었다. 그에게서 수도자의 모습은 좀처럼 찾아보기 어려웠다. 그는 하루 종일 움직이고, 이야기하고, 전화하고, 계획하고, 조직하고, 가르치고, 설교하면서 시간을 보냈다. 그는 기회가 닿을 때마다 농담하고, 웃고, 장난을 쳤다. 그는 좀처럼 자기 마음을 숨기지 않았다. 그를 보기 원하는 사람에게

는 누구나 자신의 마음을 펼쳐 보여주었다. 이 모든 활동들은 그의 기도의 일부였다. 기도는 하나님과 하나님의 백성들과 끊임 없이 연합하여 사는 것이다. 그래서 모든 일에서 올바른 질서와 거룩한 질서를 목격하고 증거하는 것이다. 기도는 하나님의 마음 즉, 정의와 평화와 의로움의 마음 안에서 살아가는 것이다.

하나님께서는 우리의 마음과 당신의 마음이 일치하기를 원하신다. 기도는 우리에게 그것을 가르친다. 하나님께서는 우리의 마음이 차가워지지 않기를 원하시고, 우리가 당신의 사랑으로부터 멀리 떨어져 있지 않기를 원하신다. 기도는 세

례와 회개와 성찬과 신앙고백과 병의 치료와 관련을 가진다. 우리는 기도를 통해 일상의 모든 시점에서 우리에게 살아갈 힘을 제공해 주시는 하나님과 우리 자신을 연합시킬 수 있게 된다. 우리는 기도를 통해 간구와 감사와 찬양의 행위 속에는 하나님의 사랑이 존재한다는 사실을 이해할 수 있게 된다. 또한 기도에는 파종하는 것과, 수확하는 것과, 천을 짜는 것과, 천을 자르는 것과, 사는 것과, 파는 것과 땅을 파내는 것과 건물을 세우는 것과 그 밖의 인간이 행할 수 있는 모든 노동의 형태들이 존재한다. 왜냐하면 하나님의 창조의 아름다움은 우리의 손으로 하는 일들을 통해 드러날 수 있기 때문이다. 그러므로 이 모든 일들이 바로 기도이다. 그러나 오직 깊은 헌신이 있는 곳에서만 이런 진술들은 진리로 드러날 수 있다. 우리는 계속해서 우리 자신을 우리의 삶의 원천으로부터 단절시키려는 유혹에서 벗어나려고 애써야 한다.

   이러한 모습이 가장 잘 드러나는 것은 바로 산티아고 교회에서 성찬식과 함께 드려지는 주일 오후 기도회이다. 존은 이 마을 사람들이 손수 만들어준 흰색의 사제 가운과 빛나는 색채의 영대를 입고 강대상 뒤에 서 있었다. 그의 앞에는 2천 명이 넘는 여성과 남성과 어린이들이 있었다. 이 화려한 색상의 트주투힐 전통복을 입은 사람들은 기도하기 위해 이곳에 모였다. 존이 기도를 시작하자 그들은 큰 목소리로 기도를 토

해 내기 시작했다. 그들은 모두 두려움과 소망을 표현했고, 하나님의 은혜를 갈구했고 하나님께 감사와 찬양을 드렸다. 교회 안은 수천 가지의 부르짖는 목소리로 가득 찼다. 그들의 간구 소리와 찬양 소리는 점점 더 커져만 갔다. 나는 이 기도의 교향곡을 들으면서 이런 생각을 했다. 그리스도의 몸과 피 주변에 모인 이 모든 사람들은 그리스도와 연합하여 하나의 위대한 기도를 올리고 있다고 말이다.

모든 사람들은 빵과 포도주를 통해 제사장들이 되었으며 그리스도 안에서 하나의 생명 연합체가 되었다. 그들은 하나의 몸 즉, 십자가 위에서 돌아가시고 영광 중에 다시 살아나

두려움을 이긴 사랑

신 그리스도의 몸 안에서 하나가 되었다. 고통과 기쁨, 절망과 소망, 두려움과 사랑, 죽음과 생명 이 모든 것들은 기도의 파도 안에서 하나가 되었다. 그리고 이 기도는 마침내 예수님께서 우리에게 가르쳐주신 기도 안으로 흘러 들어가고 있었다.

"저는 당신이 저와 저의 사람들과 함께 기도해 주셨으면 합니다." 존은 이렇게 말했었다. 이제 나는 그의 말의 의미를 분명히 알게 되었다. 그리고 우리의 삶 자체가 끊임 없는 기도의 장이 되어야 한다는 사실을 이전보다 더 확실히 깨닫게 되었다.

기도와 순교자

하지만 그가 선택한 삶의 현실을 감안하면 존의 기도 요청은 단순한 것이 아니었다. 그것은 더 깊은 의미를 담고 있었다. 과테말라에서 계속 일어나고 있는 폭력은 사람들이 일상적으로 겪는 삶의 일부가 되고 있었다. 실종된 사람들의 명단은 점점 더 늘어났다. 1984년 3월 11일 과테말라 정부군으로부터 납치되었다가 가까스로 탈출한 전임 노동 조합장인 알바로 레인 소사 라모스Alvaro Rene Sosa Ramos는 과테말라 고문실에서 벌어진 끔찍한 일들을 이렇게 증언했다.

***

그들은 제 손목에 수갑을 채우고는 옷을 벗겼습니다. 그리고 발을 꽁꽁 묶은 후 거꾸로 제 몸을 매달았습니다. 이후 저를 과테말라 혁명 조직의 일원이라고 몰아세우더니 날카로운 못이 달린 채찍으로 때리기 시작했습니다… 그들은 교대로 저를 때렸

습니다. 또한 담배를 피울 때에는 어김없이 담뱃불로 제 몸을 지졌습니다. 그들이 한참 동안 저를 고문한 후 고문실을 나가

면, 몇 분 있다가 또 다른 사람들이 들어왔습니다.

저는 "카이빌(Kaibil-과테말라 특수부대 요원)" 한 명이 허리띠 버클로 제 얼굴을 가격한 일을 기억합니다. 그 버클은 정말로 컸습니다. 그래서 여러 번의 가격 중 한 번의 가격이 제 눈썹을 찢어 놓았습니다. 그들이 잠시 저를 때리지 않고 있을 때, 저는 납치된 다른 사람들의 매맞는 소리와 비명 지르는 소리를 들을 수 있었습니다. 저는 얼마나 오랫동안 거기에서 고문을 받았는지 인식할 수도 없었습니다. 그들은 매달려 있던 저를 끌어 내리고는 바닥 위로 내동댕이쳤습니다.

몇 시간 후 그들은 다시 제 발을 묶어 거꾸로 매달았습니다. 그러더니 특별히 난폭한 카이빌 한 명이 제 얼굴을 마구 발로 찼습니다. 그들의 발길질은 정말 매섭고 고통스러웠습니다. 그들은 저를 지칠 만큼 때린 후 다시 바닥으로 내동댕이쳤습니다. 그런 후 좀 전의 제 모습과 똑 같은 모습으로 매달려 있는 다른 사람에게로 데려갔습니다.

그들은 제가 그를 알고 있는지 물었습니다. 그는 고문 때문에 흉한 몰골이 되어 있었습니다. 하지만 저는 그가 누구인지 알 수 있었습니다. 그는 제가 다이아나Diana 생산 공장의 노동 조합장이었을 때 국가 교원 위원회 회장이었던 실비오 메트리카디 살램Silvio Matricardi Salam이라는 사람이었습니다.

나는 그를 자세히 보기 위해 그의 가까이로 다가갔습니다. 그의 몸은 구타로 인해 만신창이가 되어 있었습니다. 저는 두려운 나머지, 즉시 그를 모른다고 대답했습니다. 그러자 그들은 저를 제자리로 데려가 다시 거꾸로 매달았습니다. 그리고는 제 몸에 전기 고문을 가하기 시작했습니다.

그것은 말로 표현할 수 없을 만큼 고통스러운 고문이었습니다. 제 몸은 이리 저리 들썩거렸고 벽에 부딪히기도 했습니다. 때때로 저는 기절이라도 해 보려고 일부러 머리를 벽에 처 박기도 했습니다. 하지만 그것도 잘 되지 않았습니다. 전기 고문이 끝나자 제 몸은 마치 불덩어리라도 된 것처럼 뜨겁게 달아올라 있었습니다. 저는 너무 목이 말라 물을 좀 달라고 애원했습니다. 고문이 계속되고 있는 동안 저는 분명 물소리를 들었는데, 그들은 절대 그것을 제게 주지 않았습니다.

- 과테말라 인권 위원회 게시판 · 미국, 1984년 6월 -

***

이 진술은 수 천명의 과테말라 국민들이 얼마나 극심한 고통을 겪고 있는지를 말해주는 단적인 증거였다. 그들 중 몇 명은 로터의 전도사들이었다. 카이빌들은 그들의 잔혹한 고문 사실을 철저히 은폐하려고 납치한 사람들은 누구라도 절대 살려주지 않았다. 그들은 납치된 사람들에게 고문을 가하여 공모자들에 대한 정보를 억지로 캐낸 후 그들을 가차없이

죽였다. 그리고는 그들의 부서지고 찢긴 시체들을 길 모퉁이에 내다 버려 많은 사람들이 공포심을 느끼게 했다. 이런 상황이었기에 실종된 사람들은 점점 더 늘어났지만 살아서 고향으로 돌아온 사람들은 거의 없었다.

살해된 사람들 중 일부는 고향에서 장사되는 경우도 있었다. 이런 경우 사람들은 이루 말할 수 없을 만큼 슬프지만 죽은 사람의 무덤이라도 곁에 두면서 일상을 살아간다. 하지만 실종된 사람이 살았는지 죽었는지 모르는 경우 즉, 생사가 불확실한 경우는 주변 사람들에게 또 다른 차원의 고통을 준다. 가족들은 사랑하는 사람이 어떤 운명에 처해 있는지 전혀 알지 못한다. 그럼에도 불구하고 그들은 사랑하는 사람이 아직까지 살아 있을 것이라는 희망을 절대로 버리지 못한다. 그들의 이러한 고통은 광범위한 공동체를 결성하게 했다. 실종된 사람들을 찾겠다는 희망을 포기하지 않은 라틴 아메리카의 사람들은 하나의 집단을 형성했다. 라틴 아메리카의 감금자 및 실종자 가족 연합회라는 명칭의 이 공동체는 남미 전역을 아우를 정도로 그 범위가 넓었다. 인권 조직의 통계에 따르면, 최근 몇 년 동안 9만 명 이상의 라틴 아메리카 사람들이 정치적 신념 때문에 실종되었다고 한다.

 요한 바오로 2세는 1983년 3월 과테말라를 방문한 자리에서 이렇게 말했다.

***

자비란 하나님의 형상이자 하나님과의 유사성이라는 사실을 믿음은 우리에게 가르쳐 줍니다… 사람들이 혹사당할 때… 사람들에게 극악한 불법이 가해질 때, 사람들이 고문을 당하고, 납치 당할 때, 또는 사람들의 살아갈 권리가 위협을 받을 때 그것은 바로 창조자에게 대항하는 범죄이며 창조자에게 가해지는 가장 심각한 공격입니다.

***

1984년 6월 10일 과테말라 주교 연합회는 요한 바오로 2세가 전한 말들에 자기들의 의견을 첨부해 하나의 사역 보고서를 출간했다.

***

우리 과테말라의 주교들은 인권을 신장시키고, 방어하고, 보호하는 사명에 충실하기를 소망합니다… 역사의 흐름 속에서 현대 교회는 권리와 의무를 가지게 되었습니다… 우리는 변함없이 복음을 옹호하면서 인간의 존엄성을 공격하고 인간의 권리를 짓밟는 죄악과 불의를 고발해야 합니다. 한편 우리는 이런 상황들이 벌어지고 있는 이유를 곰곰이 생각해보고 회개해야 합니다. 이것은 우리의 책임입니다. 교회는 선포하고 고발하는 사명을 성실히 수행해야 할 것입니다. 왜냐하면 이것은 거룩하신 창조자께서 부여하신 사명이기 때문입니다. 우리는 그것을 성실히 감당하기 원합니다. 심지어 그 사명이 오해를 받고, 모함을 받고, 핍박을 받는다 하더라도 말입니다.

***

존은 로터가 살해당한 침실을 예배실로 바꾸었다. 그의 행동은 두려움과 공포의 장소, 죽음의 장소에 있기 싫어하는 인간의 본능적인 경향을 극복한 것이었다. 존은 그의 방을 정의의 목소리가 들려질 수 있는 기도의 장소로 바꾸어 놓았던 것이다. 그는 사람들에게 과거에 일어났던 비극적인 사건들을 잊으라고 요구하지 않았다. 또한 아무 일도 일어나지 않은 것처럼 지금까지 살아온 대로 살아가라고도 요구하지도 않았다. 대신에 그는 로터의 죽음을 기억하라고 권고했다. 또한 그에 대한 기억을 통해 얻은 힘을 인간의 존엄성을 위해 씨름하는 삶의 현장으로 가져오라고 권고했다.

존은 자신의 사람들을 보호하기 위해 자신의 생명을 바친 그에 대해 침묵하지 않았다. 대신에 그는 축복하고, 가르치고, 설교할 때마다 그의 용기와 믿음을 큰 목소리로 선포하는 것을 잊지 않았다. 그의 순교는 계속해서 죽음의 세력과 저항하고 있었고, 죽음에서 부활하신 승리의 주님을 향한 믿음을 선포하고 있었다. 산티아고의 교인들은 항상 기도했다. 그들은 순교자의 피를 통해 힘을 얻었고, 순교자의 믿음을 본받아 기도했다.

큰 목소리로 기도하는 수 천명의 트주투힐 인디언들 앞에 서 있는 존의 모습을 보면서 피터와 나는 새로운 사제가 이들에게 얼마나 큰 소망을 주고 있는지 분명히 목격했다. 그들은 목자의 사명을 계속해서 감당해 줄 사제를 보내달라고 하나님께 기도해 왔다. 그들은 삼 년을 기도해 왔다. 그러고 난 후 존이 이곳에 왔다. 빛은 어두움보다 더 강하다. 사랑은 두려움보다 더 강하다. 그리고 생명은 죽음보다 더 강하다.

어느 날 아침 몇 명의 여성들이 교회로 찾아와 존에게 아름다운 빨간색, 노란색, 금색 숄들을 선물했다. 그것은 이들이 손수 짠 것들이었다. 그리고 로터가 이 지역에서 몇 년간을 섬긴 후 마을 사람들로부터 존경의 표시로 받은 숄과 동일한 형태의 것들이었다. 산티아고 아티트란의 여성들은 그들의 새로운 사제 페드리 주안Padre Juan이 로터와 동일한 존경을 받고 그와 동일한 숄을 입기를 원했던 것이다. 비록 존은 이곳에 부임해 온지 얼마 되지 않았지만 말이다. 존은 자신을 위한 이 지역 사람들의 기도와 지원과 사랑이 얼마나 큰지 잘 알고 있었다. 존이 교구민들의 신뢰와 확신이 담긴 상징적 선물을 받았을 때, 그는 몇 달 전 받았던 질문에 대해 더 훌륭한 대답을 할 수 있을 것만 같았다. "순교자의 후임으로 파송된다는 것을 어떻게 느끼고 있습니까?" 그는 이들과 함께 기도해야겠다는 강력한 소명감을 느꼈다. 그리고 폭력을 극복하고 새로운 사랑과 자유를 발견하려고 애쓰는 이들에게 신실한 사람이 되어야겠다고 다짐했다.

기도와 순교는 서로 밀접하게 연결되어 있다. 초대 교회 성도들은 순교자가 될 수밖에 없었다. 그들은 그들의 피로써 주님의 증인이 되기를 자청했다. 하지만 시간이 흐르자 그들은 더 이상 순교자가 될 필요가 없게 되었다. 그들 중 많은 사람들은 끊임 없는 기도의 삶을 통해 "증거자"가 되었다. 나는 과테말라의 모습 속에서 이러한 순교와 기도 사이의 밀접한 연결점을 발견했다. 영양실조에 걸리고, 건강이 악화되고, 거주 환경이 열악하고, 임금이 낮고, 고되고 긴 노동에 시달리는 것이 이곳 사람들의 일상적 모습이었다. 이뿐 아니라 이곳에는 공포 분위기가 만연되어 있었고, 고문과 죽음의 위협 또한 늘 끊이지 않았다. 사람들은 절망과 소망 중 한 가지를 선택해야 했다. 그들은 어두움의 세력에 체념하는 것과 적극적으로 빛을 향해 달려나가는 것 중 한 가지를 선택해야 했다. 그들은 희생자가 되는 것과 자유자가 되는 것 중 한 가지를 선택해야 했다. 이것은 내적 선택의 문제였다. 이것은 외부 환경에 의해 좌우되는 것이 아니라, 어떤 환경에서도 개인의 자유를 지키려는 의지에 의해 좌우되는 것이다. 이것은 어두움 한 가운데서도 생명의 하나님을 향해 부르짖는 것이며, 눈물 골짜기를 걸으면서도 기쁨을 붙드는 것이며, 전쟁의 소문이 만연한 환경에서 계속해서 평화를 말하는 것이었다. 이것들을 가능하게 하는 것은 바로 기도이다. 실로 기도는 눈에 보이는 모든 것들이 탐욕과 미움과 폭력과 전쟁에 의해 갈갈이 찢겨진 상황에서도 우리를 주님께 단단히 붙어 있게 한다. 기도는 진심에서 우러나오는 지식이다.

***

그 어떤 것들도 우리에게 접근할 수 없습니다. 아무것도 그리스도의 사랑을 침해하지 할 수 없습니다. 비록 우리가 고통을 당하거나, 곤란을 겪거나, 핍박을 받거나, 음식이나 옷이 부족하거나, 위협을 받거나, 심지어 공격을 받을지라도 말입니다. 성경은 이렇게 약속합니다. "기록된 바 우리가 종일 주를 위하여 죽임을 당케 되며 도살할 양 같이 여김을 받았나이다 함과 같으니라. 그러나 이 모든 일에 우리를 사랑하시는 이로 말미암아 우리가 넉넉히 이기느니라"(롬8:36-37)

***

달리 말해 기도는 이 세상이 두려움을 통해 질식시키려 하는 사람들이 내 쉴 수 있는 거룩한 호흡이다. 기도는 살아 있는 사람들의 순교이다.

메시지 선포

존은 산티아고에 온지 얼마 되지 않아 이러한 진실을 개인적으로 경험하게 되었다. 불안한 사건들은 연속적으로 일어났다. 존이 새로운 교구에 부임한지 며칠 후 저녁, 술 취한 사람이 존의 방 창문 밖에서 노래를 부르고 있었다. "첫 번째로 우리는 페드리 프란시스코를 죽였네. 다음으로 우리는 페드리 주안을 죽일거야." 이것은 단순히 술 취한 사람이 불러댄 노래였지만 농담으로 흘러 넘길 것은 아니었다. 존은 웃으면서 그것을 대수롭지 않게 여겼지만, 그의 모습에는 두려워하는 기색이 배어있었다. 몇 주 후 산 루카스에서 온 어떤 사람은 정부가 조만간 산티아고 아티트란의 상황을 좀 더 자세히 조사할 계획을 가지고 있다고 존에게 말해 주었다. 그리고 피터와 존과 내가 과테말라 시에 도착할 즈음에도 교회 임원들은 정부가 이곳을 계속해서 예의 주시하고 있다는 소문을 전해 주었다. 우리는 정부가 이곳 주민들 중 일부를 다른 지역

으로 이주시킬 준비를 하고 있다는 사실도 알게 되었다.

술 취한 사람의 노래, 암시들, 소문들 그리고 막연한 예견들은 점점 더 부상하기 시작했다. 웬만해서는 두려움에 질식되지 않을 수 없는 상황이었다. 그러나 존은 두려움에 사로잡혀 있지 않고 두려운 감정과 적당한 거리를 두고 있는 사람처럼 보였다. 위험한 환경 속에서도 그가 날마다 충실한 삶을 살 수 있었던 것은 바로 사람들을 향한 사랑이었다. 존은 행복한 사람이었다. 그는 자기에게 주어진 새로운 사명에 깊이 감사했다. 그는 이곳에서의 사역을 자신의 소명이라고 확신했다. 그는 교회로부터 지지를 얻고 있다고 느꼈고, 수녀들과 성도들 그리고 고향에 있는 많은 친구들로부터 사랑을 받고 있다고 느꼈다. 그는 자신의 마음을 예수님의 사랑에 깊이 뿌리내리고 있었다. 생명에 대한 위협이 끊이지 않는 장소에 가겠다고 자청하는 일은 누가 봐도 명백히 어리석은 일이다. 나는 미국 대학생들과 함께하는 내 삶과 트주투힐 인디안들과 함께하는 그의 삶을 곰곰이 생각해 보았다. 그것은 바울이 고린도 교회 성도들에게 보낸 편지의 내용과도 비슷했다.

***

내가 생각건대 하나님의 사도인 우리를 죽이기로 작정한 자 같이 미말에 두셨으매 우리는 세계 곧 천사와 사람에게 구경거리가 되었노라. 우리는 그리스도의 연고로 미련하되 너희는 그리스도 안에서 지혜롭고 우리는 약하되 너희는 강하고 너희는 존귀하되 우리는 비천하고(고전4:9-11)

***

피터와 나는 존과 함께 있는 동안, 존이 자기 교구 사람들에게 하는 이야기들을 들었다. 우리는 그가 주어진 상황을 거의 두려워하지 않는 것을 보고 큰 감동을 받았다. 그는 부연 설명이 거의 필요 없을 정도로 쉬운 용어들을 사용했다. 그것은 선생의 말이었으며, 이스라엘 선지자들의 말이었으며, 사도들과 복음전도자들의 말이었으며, 예수님 그분의 말씀이었다. 그것은 내가 네덜란드, 프랑스, 미국에 있을 때에도 자주 들은 말씀이었다. 하지만 과테말라에서 그것은 인자의 입으로부터 나오는 좌우에 날이 선 검과도 같은 말들이었다. (요한계시록 1장 16절, 2장 12절을 보라) 정의와 평화에 대한 말들, 용서와 화해에 대한 말들, 회심과 중생에 대한 말들, 더불어 살아가는 길에 대한 말들, 이전까지 이런 말들은 내게 위험하고 충격적인 말로 들리지 않았다. 하지만 이곳에서 이런 말들은 분명 위험하고 충격적인 말들이었다. 로터는 이런 말을 하다가 죽임을 당했다. 존은 이런 말을 하면서 자신의 생명을 위험에 빠뜨리고 있었다. 이런 말들은 분노와 적의를 유발시키는 말들이 아니라 하나님 나라의 진리를 선포하는 말들인데도 말이다.

과테말라에서는 위험인물로 간주되기 되기 위해 굳이 새로운 용어들과 새로운 개념들을 발명해 낼 필요가 없었다. 예수님의 어머니인 마리아의 말 역시 위험 인물로 간주될 만한 것이었으니 말이다.

***

내 영혼이 주를 찬양하며 내 마음이 하나님 내 구주를 기뻐하였음은… 그의 팔로 힘을 보이사 마음의 생각이 교만한 자들을 흩으셨고 권세 있는 자를 그 위에서 내리치셨으며 비천한 자를 높이셨고 주리는 자를 좋은 것으로 배불리셨으며 부자를 공수로 보내셨도다. (눅1:46-47, 51-53)

***

만약 당신이 산티아고 아티트란에서 이런 말들을 했다면 아마도 누군가가 군대로 달려가 당신을 혁명을 선동하는 공산주의자로 고발했을 것이다. 하지만 그 누구도 존을 고발하거나 비난하지 않았다. 그는 회심의 자리로 마음과 영혼을 새롭게 하여 그리스도를 섬기는 자리로 사람들을 초대했을 뿐이다. 그는 어떤 설교에서 이렇게 말했다.

***

사람들은 총으로 죽임을 당하기도 하지만 그보다 빈번하게 혀로 죽임을 당하기도 합니다. 우리에게는 새로운 마음이 필요합니다. 왜냐하면 오직 새로운 마음만이 평화를 잉태할 수 있기 때문입니다.

***

"오직 새로운 마음만이 평화를 잉태할 수 있다." 이 말은 1984년 세계 평화의 날에 교황 요한 바오로 2세가 전한 메시지였다. 바로 이 메시지를 산티아고 아티트란 사람들은 자기들의 새로운 목자로부터 듣고 또 들었던 것이다. 이것은 정말 감미롭고 아름다운 말이었다. 이것은 이웃을 고발해 그들이 납치되고 고문 받고 죽임을 당하게 만든 사람들에게도 들려졌다. 그러자 그들에게 어떤 변화가 일어나기 시작했다. 목자의 입에서 흘러 나온 감미로운 평화의 말은 회심을 요구하는 맹렬하고 급진적인 언어로 변했다. 그의 말은 바울이 디모데에게 권면한 내용의 실천이었다.

***

하나님 앞과 산 자와 죽은 자를 심판하실 그리스도 예수 앞에서 그의 나타나실 것과 그의 나라를 두고 엄히 명하노니 너는 말씀을 전파하라 때를 얻든지 못 얻든지 항상 힘쓰라 범사에 오래 참음과 가르침으로 경책하며 경계하며 권하라 때가 이르리니 사람이 바른 교훈을 받지 아니하며 귀가 가려워서 자기의 사욕을 좇을 스승을 많이 두고 또 그 귀를 진리에서 돌이켜 허탄한 이야기를 좇으리라 그러나 너는 모든 일에 근신하여 고난을 받으며 전도인의 일을 하며 네 직무를 다하라.(딤후4:1-5)

***

존은 선교사로 파송되었다. 그는 땅을 사기 위해, 사업을 개시하기 위해, 싼 노동력을 찾기 위해 또는 부자가 되기 위해 과테말라에 온 것이 아니었다. 그는 하나님의 말씀으로 사람들을 섬기기 위해 왔다. 그는 때를 얻든지 못 얻든지 이 말씀을 증거했다. 그는 이 말씀을 자기만의 소유가 아닌 하나님의 선물로 생각했다. 하나님의 말씀은 이 말씀을 전하는 사람보다 위대하다. 하나님의 말씀을 전하는 사람은 왔다가 갈 수도 있지만, 하나님의 말씀은 영원하기 때문이다. 존은 말씀에 헌신하는 것을 자기 자신보다 더 값어치 있게 생각했다. 그러기에 존은 위험한 상황 한 가운데서도 기쁨과 평화를 맛 볼 수 있었던 것이다. 사도들과 그들의 발자취를 따라갔던 많은 성도들이 그런 기쁨과 평화를 맛보았던 것처럼 말이다.

피터와 내가 과테말라에서 돌아오자 존의 가족들과 친구들은 우리를 찾아와 이렇게 질문했다. "존은 안전하던가요?" 우리는 이렇게 간단히 대답했다. "아니요. 그는 안전하지 않습니다. 하지만 그는 아주 아주 행복해하고 있습니다. 걱정하지 마시고 그를 위해 기도해 주십시오. 하나님께서 그를 보호하고 계신다는 것을 믿으십시오. 그는 계속해서 하나님의 일을 할 것입니다." 그들은 모두 하나님의 나라가 도래할 것이라고 굳게 믿는 사람들이었기 때문에 우리의 말은 그들에게 큰 위로가 되었을 것이다. 하지만 만약 우리가 그런 믿음이 없는 사람들에게 이와 같은 말을 했다면, 아마도 우리는 엉뚱한 사람 취급을 받았을 것이다. 어쨌든 우리는 존의 상황을 그런 식으로 표현할 수밖에 없었다.

사실 존은 너무나 바빴기 때문에 자신의 안전에 대해 심사숙고 할 시간적 여유가 없었다. 그는 단 하나의 이유 즉, 그가 맡은 사람들을 섬겨야 했기 때문에 두려움 없이 자신의 일을 계속해 나갈 수 있었다. 과테말라 주교들은 이렇게 말했다. "오직 하나님만이 이곳 사람들이 겪고 있는 끊임 없는 고통을 아실 것입니다. 가장 비천하고 무방비한 상태에 놓여있는 이들의 상황을 말입니다…"

다시 고향으로

9월 네째 주 화요일 존은 피터와 나를 과테말라 시로 데리고 갔다. 늦은 저녁 시간, 우리 셋은 작은 예배당에 모여 성만찬을 나누었다. 그것은 과거에 대한 감사와 미래에 대한 소망으로 가득 찬 의미 있는 시간이었다. 그 소망은 분명 과테말라의 정치적, 경제적 환경이 점점 더 좋아질 것이라는 낙관주의에 근거한 소망이 아니었다. 현실적으로 과테말라에서 그런 낙관주의를 기대한다는 것 자체가 무리였다. 우리의 소망은 우리가 예수님의 이름으로 함께 모였다는 사실과 그분께서 우리 가운데 계시다는 진리에 근거한 것이었다. 우리가 작은 테이블 주위에 둘러 서 하나님의 말씀을 듣고 서로 빵을 나눌 때 나는 그 어떤 공간적 거리도 우리를 분리시킬 수 없다는 사실을 다시 한 번 더 깨달았다.

우리를 하나로 묶고 있는 분은 바로 주님이셨다. 그분께서 우리를 먹이시는 그 순간 우리가 에워싸고 있는 테이블은 전

세계만큼이나 넓어 보였다. 보스톤과 산티아고 아티트란은 더 이상 멀리 떨어진 두 개의 도시가 아니었다. 그것은 하나님의 테이블 안에 존재하는 두 장소에 불과했다. 성만찬은 우리에게 참된 우정의 본질을 확인시켜 주었다. 피터와 존과 나는 공통의 관심사, 경험들, 감성들보다 더 위대한 어떤 것에 의해 하나로 연합되었다. 우리가 서로 나누고 있는 빵과 포도주는 거룩한 사랑의 징표가 되었다. "이것은 당신을 위해 찢기신 그리스도의 몸입니다. 이것은 당신을 위해 흘리신 그리스도의 피입니다." 우리의 우정이 이러한 말씀에 뿌리를 두고 있는데 우리가 어찌 하나로 연합하지 않을 수 있다는 말인가?

나는 나와 함께 이곳으로 와 주었고 나와 존과의 우정에 합류해 준 피터에게 감사의 마음을 느꼈다. 피터와 나는 하나님께서 우리 셋을 이곳에 함께 모이게 하셨다고 확신했다. 그리고 그런 주님을 더 신실하게 섬기자고 서로를 격려했다. 나는 주님께서 사람을 구체적으로 인도하시는 모습과 당신 자신을 분명하게 드러내시는 모습을 볼 수 있게 해준 존에게 감사했다. 나는 순교를 통해 자신의 사람들에게 살아계신 하나님의 임재를 강렬히 느끼게 해 준 로터에게 감사했다.

다음날 아침 피터와 나는 산티아고를 떠났다. 존은 우리가

공항에서 출국 심사를 마치고 비행기를 타러 걸어가는 동안 계속해서 손을 흔들어 주었다. 그는 우리의 모습이 보이지 않을 때까지 그렇게 했다. 나는 산티아고 아티트란으로의 방문이 그에게 얼마나 큰 의미를 주었는지, 그리고 우리에게 얼마나 큰 의미가 되었는지 깨달았다. 예전의 우정은 더욱 깊어졌고, 새로운 우정은 싹을 내었고, 사역은 더 많은 지지를 받게 되었고, 소명감은 더욱 강렬해졌고, 함께 일할 수 있는 방법은 새로이 모색되었다. 비행기가 이륙하자 구름이 점점 더 아름다운 과테말라 마을을 뒤덮기 시작했다.

우리는 너무나 자연스럽게 서로를 마주보면서 이렇게 말했다. "고맙네." 또한 우리는 우리를 함께 이곳으로 보내시고 무사히 돌아가게 하신 하나님께 이렇게 말했다. "감사합니다." 우리는 두 가지 세상을 경험했다. 그리고 그것들이 하나님 안에서 하나임을 발견했다. 그 속에서 새로운 무엇인가가 일어나고 있었다. 그것은 우리가 보기에 너무도 강하고 아름답고 놀라운 것이었다. 새로운 마음을 통해 평화는 잉태되고 있었던 것이다.

존 버시의 맺는 말

1984년 7월 나는 새로 부임한 사제의 자격으로 산티아고 아티트란 교구에 도착했다. 이곳은 메로토 주교에 의해 개척된 곳이었다. 한편 이곳은 1981년 로터 신부가 피살된 후, 3년 동안 사제의 자리가 공석으로 남아 있었던 곳이기도 했다. 7월 28일 그러니까 내가 이곳에 도착한지 며칠 후, 로터 신부 사망 3주기 추도의식이 있었다. 의식이 시작되기 전 기독교 협회 회원들과 전도사들은 교회에서 순교한 로터 선교사를 기념하기 위해 이동식 기념물을 선보였다. 그 나무통 안에는 생전에 그가 입었던 바지, 셔츠, 모자들이 담겨 있었다. 교회 안을 가득 메운 사람들은 이 기념물을 보면서 로터 선교사를 기억했다. 그리고 시간이 흐르는 줄도 모르는 양 밤이 깊어가도록 기도했다.

다음 날 아침 3천 명 이상의 회중들이 모인 교회 안에서 추도 예배를 집례했다. 총을 소지한 군인들이 밖에 돌아다니고 있을 정도로 이곳에는 여전히 폭력의 위협이 존재하고 있었지만 이곳 사람들은 공개적으로 그리스도 예수를 향한 믿음을 선포하고, 순교자들을 애도하고 있었다. 이 예배에는 과테말라 전역에 있는 교회 공동체의 대표자들이 참여했다. 나는 믿음과 용기의 모습을 목격하면서 터툴리안이 남긴 유명한 말의 의미를 더 잘 이해하게 되었다. "순교자들의 피는 교회의 씨앗이다."

나는 로터 신부의 후임자가 되기 위해 자원하여 산티아고 아티트란으로 왔다. 그리고 주 예수를 섬기려는 열망 때문에 그가 죽임을 당한 그 집에서 살고 있다. 이것은 위험하지만 동시에 축복된 일이다. 그리스도를 위한 순종의 역사가 배어 있는 곳에 머문다는 것은 정말 축복된 일이다. 이곳 사람들을 위한 로터 신부의 사역을 내가 계승할 수 있었다는 것은 정말 축복된 일이다. 이러한 축복들에 감사하면서 나는 한 가지 영감을 얻게 되었다. 그것은 바로 사랑하는 친구 헨리 나우웬에게 산티아고로 와서 우리와 함께 기도해 달라고 부탁하는 것이었다.

이후 헨리는 이곳에 도착해 교구 공동체와 함께 기도해 주었다. 그는 교구 사람들에게 로터 신부에 대해 과테말라의 상황과 산티아고 아티트란의 상황에 대해 물어보았다. 그는 페드리 프란시스코에 대해 더 많이 알게 될수록 이 하나님의 사람을 점점 더 존경하게 되었다. 그는 자기가 이 교구를 위해 무엇을 도울 수 있겠느냐고 내게 물었다. 필요한 게 무엇입니까? 재정입니까? 지프차입니까? 아니면 다른 무엇입니까? 헨리가 우리 교회를 매우 사랑하고 로터의 이야기에 많은 관심을 가지고 있다는 사실을 알았던 나는 내가 생각하기에 가장 쉬운 일을 그에게 부탁했다. 그것은 바로 순교자인 로터에 관한 책을 써 줄 수 있느냐는 것이었다.

  헨리의 반응은 나를 무척이나 놀라게 했다. 나는 헨리를 작가로 알고 있었다. 그것도 항상 머리 속을 다음번 책들에 대한 구상으로 가득 채우고 있는 놀라운 작가로 알고 있었다. 하지만 나는 처음으로 헨리가 나름대로의 고통과 시련을 겪고 있다는 사실을 알게 되었다. 이 천부적인 작가는 지난 1년 반 동안 그 어떤 글도 쓸 수 없었다고 내게 털어놓았다. 나는 그가 도무지 해낼 수 없을 것만 같은 일을 부탁했던 것이다. 나의 부탁은 오히려 그의 짐을 더 무겁게만 했던 것이다. 그럼에도 불구하고 그는 나의 부탁을 들어주었다. 나의 부탁은 그의 개인적 시련을 더 가중시킨 듯했지만 결국은 그에게 회복의 계기를 마련해 주었다. 로터 신부는 헨리의 천부적인 재능을 회복시키는 매개체가 되었던 것이다.

헨리는 로터 신부와 함께 생활했던 수녀들, 그리고 그와 함께 일했던 많은 사람들과 대화를 나누면서 이 새로운 여행을 떠나기 시작했다. 한편 그는 교구 문서실에 보관되어 있던 로터의 글들을 모두 주의 깊게 읽었다. 거기에는 편지들도 있었고, 서류들도 있었다. 로터는 이 모든 글들을 겸손하게 잘 보관해 놓았던 것이다. 그는 자기 가까이에서 함께 일했던 많은 사람들이 자기를 비난하고 고발한 내용들까지도 잘 보관해 놓았다. 그가 죽기 6년 전까지만 해도 공동체의 원로들은 로터를 산티아고 아티트란의 사제 자리에서 물러나게 해달라고 주교에게 고발장을 제출했었다. 그러자 수백 명의 교구민들 또한 그 고발장에 서명을 덧붙였다.(이 시점이 지나고 나서야 그는 교구민들에게 신뢰와 사랑을 받았다.)

로터는 이 모든 서신과 서류들을 교구 문서실에 잘 보관해 두었다. 이뿐 아니라 무고한 자신을 고발한 사람들에게 인내심을 가지고 보낸 답장들도 보관해 두었다. 그는 자신이 사랑하는 사람들에 의해 여러 차례나 상처를 입었음에도 불구하고 변함 없이 그들을 사랑했고 그들에게 우정의 손을 내밀었다. 이 편지들은 마음을 다해 산티아고 아티트란 사람들에게 신실하고자 노력했던 페드리의 고통과 시련을 헨리가 이해하는데 많은 도움을 주었다.

조용히 앉아 글을 쓰고 있는 헨리의 모습을 보면서 나는 지난 1년 반 동안 그가 글을 쓸 수 없어 고통스러워 했다는 사실이 좀처럼 이해되지 않았다. 아니 상상조차 되지 않았다. 다시 글을 쓰겠다던 그의 결심은 그에게 새로운 에너지를 충전해 주었고, 분명한 목적을 선사해 주었고, 고통 당하고 있는 그곳 사람들과 새롭게 연합하는 계기를 마련해 주었다.

헨리의 방문 후에도 나는 계속 그곳에 남아 수녀들, 전도사들, 교회 지도자들과 함께 사역을 하고 있었다. 그런데 불길한 일들이 자꾸 일어났다. 8월 25일 수녀들은 어떤 술 취한 사람이 "첫 번째로 우리는 페드리를 죽였네. 다음으로 우리는 페드리 주안을 죽일거야."라는 노래를 부르는 것을 듣고 두려워했다. 그리고 9월 말에는 총기로 무장한 5백 명의 특수부대 요원들이 그곳에서 약 일주일을 머물렀다. 그들의 모습은 마을 주민들에게 공포심을 불러 일으켰다. 10월 23일에는 과테말라 주재 미국 대사관 직원이 우리 교구를 방문했다. 바로 과테말라 군대가 그곳 사람들을 다른 지역으로 쫓아 내버리고 나를 제거해버릴 계획을 하고 있다는 소문들이 진위를 조사하기 위해서였다.

산티아고 아티트란의 긴장상태는 점점 더 고조되고 있었다. 11월 1일 저녁 총기를 소지한 군인들이 교회 주변을 에워쌌고 경찰에 연락해 나를 체포하라고 요청했다. 경찰이 그들의 요구를 거절하자 부대장은 부대에 남아 있는 모든 부대원들을 이리로 소집하라고 명령했다. 훨씬 많아진 군인들은 밤새도록 교회를 포위하고 있었다.

다음날 아침 대교구의 행정을 책임지고 있는 주교는 매우 위험한 상황임으로 몇 일 간 그곳을 떠나 다른 지역 수도원에서 머물라고 권고했다. 카르멜회 수녀들은 내가 기관지 폐렴을 회복할 때까지, 그리고 그곳으로 돌아가도 될 만큼 안전하다 싶을 때까지 나를 돌보게 해달라고 주교에게 부탁했다.

나는 11월 말까지 수도원에 머물렀다. 그때가 되어서야 푸엔티스 주교는 내가 산티아고 아티트란으로 돌아가도 괜찮겠다고 말해 주었다. 그런데 바로 그 시점에 나는 과테말라 시에서 살고 있는 메로토 주교로부터 전혀 다른 내용의 편지를 받았다. 그는 자기가 오클라오마에 있는 주교들과 나눈 이야기들을 토대로 내게 이런 말을 해 주었다. "이 문제를 놓고 여러 사람들에게 자문을 구한 결과, 그리고 산티아고 아티트란 교구의 역사적 배경을 고려해 오랫동안 기도한 결과, 나는 당신이 그곳으로 돌아가는 것이 적절치 않다고 판단합니다."

나는 이 편지를 받고 어안이 벙벙했다. 이것은 내가 조금 전 푸엔티스 주교로부터 들은 이야기와는 완전히 상반되는 내용이었다. 그는 대교구에서 살고 있는 유일한 주교였기에 나는 현재 상황에 대한 그의 견해가 가장 정확할 것이라고 생

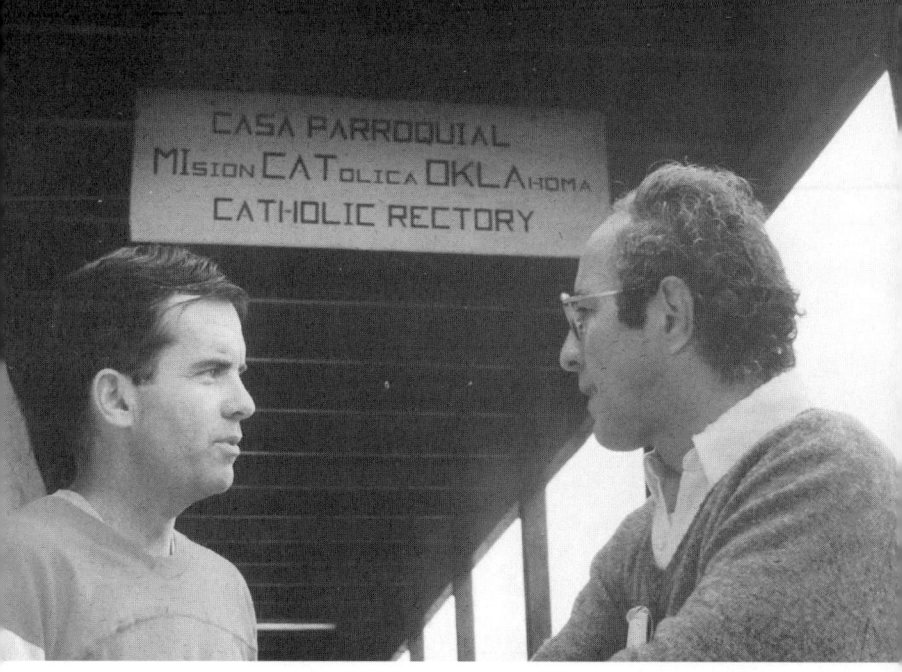

교회 앞에서 대화하고 있는 존 베시와 헨리 나우웬

각했다. 그러나 푸엔티스 주교는 메로토 주교의 새로운 의견을 존중하면서 나에게 과테말라 시로 가라고 권고했다. 그러면서 그는 산티아고 아티트란의 상황을 예의 주시하겠다고 말했다. 프란체스코 수도회 신부들은 나를 공동체의 일원으로 친절하게 받아들여 주었다. 하지만 이 공동체 역시 완전히 안전하지만은 않았다. (그들의 선배 신부들 중 한 명인 아우구스토 라미레즈Augusto Ramirez 신부는 1981년, 과테말라 시 거리에서 군인들에 의해 살해되었다.) 몇 주 후 나의 건강은 매우 나빠지기 시작했다. 나는 자주 정신을 잃곤 했다. 그래서 성탄절 직전 푸엔티스 주교가 내 병문안을 왔을 때, 새해가 오기 전에 고향으로 돌아가는 것이 좋겠다는 말을 전했다. 왜냐하면 새해가 되면 모든 것이 새롭게 시작됨으로, 그때가 되어 나의 거취 문제를 논의하는 것은 적절치 않다고 생각했기 때문이다. 한편 대교구의 주교를 만난 기회에 내 의견을 말하는 것이 좋겠다고 생각했기 때문이다. 나는 과테말라를 떠나게 되어 정말 슬펐지만 머지 않아 다시 돌아오리라는 희망을 버리지 않았다(나의 희망대로 나는 과테말라로 돌아와 과테말라와 라틴 아메리카를 위한 사역을 계속했다. 하지만 산티아고 아티트란 담당 사제로 다시 돌아가지는 못했다).

내가 고향으로 돌아온 몇 주 후 헨리 나우웬이 나를 찾아왔다. 그는 내가 어떻게 지내고 있는지, 도와줄 일은 없는지 물었다. 그런 후 로터에 관한 책이 완성되었다는 사실을 알려 주었다. 그 동안 헨리는 자기를 사랑하고 지지해 주는 사람들에게 이 글을 먼저 선보였었다. 그런데 모든 사람들이 그것을 좋게 평가하지는 않았다. 몇몇 사람들은 글의 문제점을 지적해 주었다. 그것은 바로 헨리가 로터의 생애와 나의 삶을 서로 연관시켜 이야기를 전개해 놓았다는 것이었다. 솔직히 말하건대, 나 역시도 그런 구성이 왠지 부담스럽게 느껴졌다. 하지만 나는 그가 우정 어린 마음에서 그리고 자신이 보고 들은 것들을 종합하는 과정에서 그렇게 했다고 믿었다. 헨리는 매우 직관적인 성향을 가진 사람이었다. 또한 교회를 매우 사랑했던 사람이었다. 그는 그 어떤 사람들보다 인간이 겪고 있는 사회적, 경제적 문제들을 잘 이해하고 있었다. 왜냐하면 그는 항상 사람들을 존귀한 존재로 여겨왔기 때문이다. 반면 그는 인간이 연약한 존재라는 사실 또한 늘 잊지 않았다. 그는 많은 기도와 묵상을 거친 후 이 책을 출간하기로 결정했다.

로터의 삶과 죽음은 산티아고 아티트란에 깊은 인상을 남겼으며 라틴 아메리카 교회와 선교에 중대한 영향을 끼쳤다. 이곳에서 매년 거행되는 로터의 순교 기념식은 다른 공동체들에게도 깊은 영감을 주기 시작했다. 그들은 남미 교회라는 공동체에 그와 같은 순교자가 있다는 사실을 하나님께 감사했다. 1994년 요한 바오로 2세는 오늘날에도 하나님의 임재가 당신의 백성들과 교회에 존재한다는 사실을 전하기 위해 순교의 역사는 항상 새롭게 갱신되어야 하며 이것을 위해 전 세계 교회들은 협력을 아끼지 말아야 한다고 말했다.

과테말라 교회는 이 권고에 가장 먼저 반응한 교회였다. 1996년 과테말라의 주교들은 믿음의 증인 77명을 선정하여 '거룩한 성도'라는 명칭을 부여했다. 그 안에 로터 신부도 포함되었다. 그들은 "교회가 더 개방적인 시각으로 이들을 바라봄으로써 빠른 시간 안에 이 증인의 삶을 살았던 형제들과 자매들에게 순교자의 칭호를 부여하기를 바랍니다"라고 말했다.

이 책은 1981년 로터 선교사가 순교한지 25주년 되는 해에 맞추어 출간되었다. 그뿐 아니라 1996년 헨리 나우웬이 죽은 지 10주년 되는 해를 기념하여 출간되었다. 이것은 그들의 삶과 믿음을 기념할 수 있는 적절한 책이 될 것이다. 또한 그들의 삶과 믿음을 하나로 단단히 연결시켜주는 매개체가 될 것이다. 비록 그들은 살아 생전에 한 번도 만나 본 적이 없었지만 말이다. 부디 이 책이 독자들로 하여금 그들을 추억하게 하고, 그들의 사명을 깊이 이해해주기를 바란다. 마지막으로 이 거룩한 두 사람이 살아 생전 그토록 진실하게 섬겼던 주님 곁에서 편히 쉬기를 바란다.